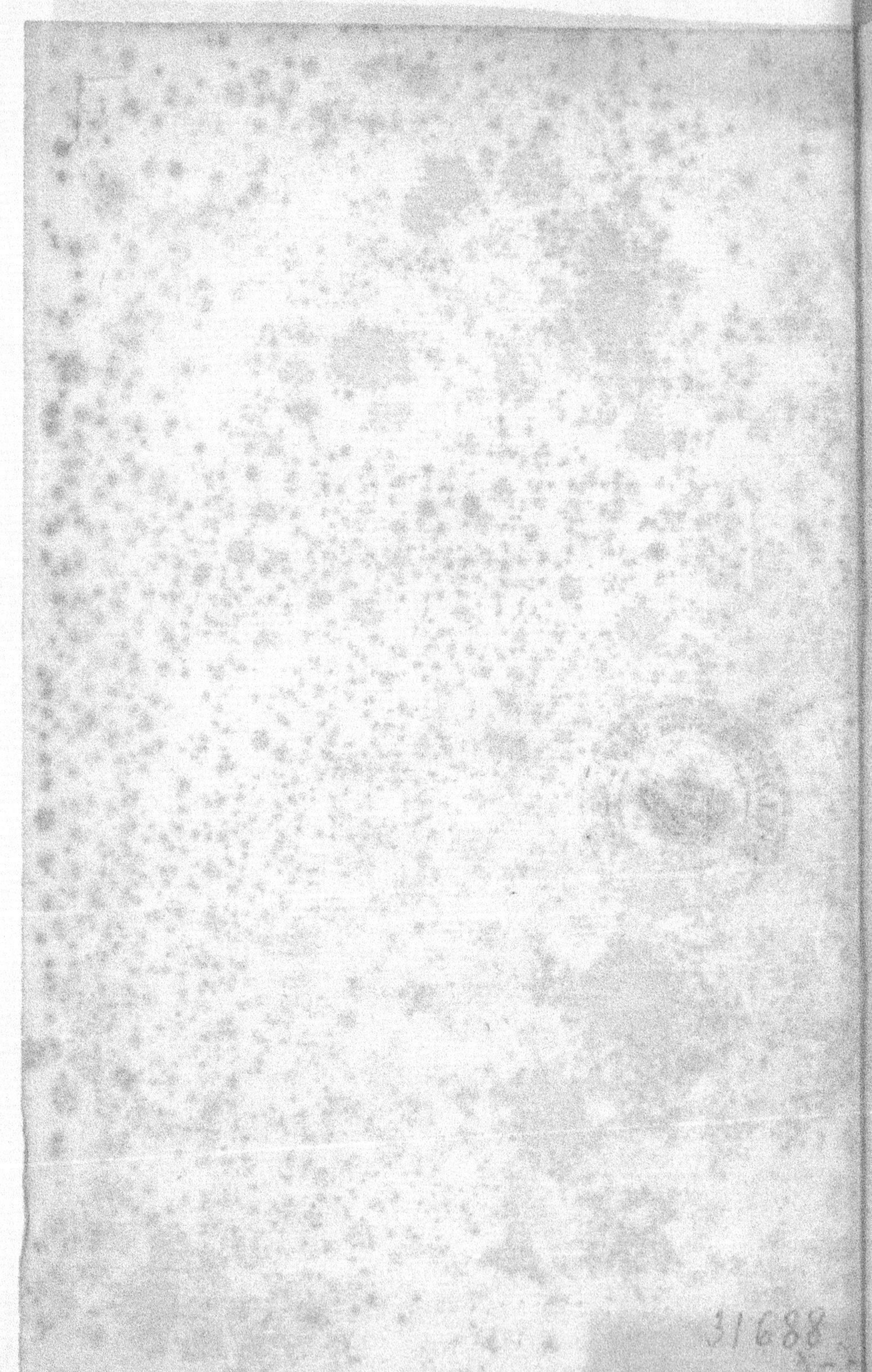

CODE DU COMMERCE,

SERVANT DE SUPPLÉMENT AU PROCÈS-VERBAL
DES SÉANCES DU CORPS LÉGISLATIF.

SEPTEMBRE 1807.

EXPOSÉS DES MOTIFS
PAR LES ORATEURS DU GOUVERNEMENT.

PARIS.

HACQUART, Imprimeur du Corps Législatif et du Tribunat,
rue Git-le-Cœur, n° 8.

1807.

EXPOSÉS DES MOTIFS

DES LOIS COMPOSANT

LE CODE DU COMMERCE.

EXPOSÉ DES MOTIFS

Des titres I *à* VII, *inclusivement, du livre* Ier *du Code du Commerce, présentés au Corps Législatif*

PAR M. REGNAUD, CONSEILLER D'ÉTAT,

Séance du premier septembre 1807.

MESSIEURS,

UN siècle et demi s'est écoulé depuis qu'un ministre habile jeta les premiers fondemens de la
richesse commerciale de la France : il dirigea l'activité, l'habileté d'une nation déjà si grande,
quoiqu'elle ne fût qu'à l'aurore de sa puissance,
vers les manufactures alors presqu'inconnues; vers
les arts, presqu'entièrement négligés; vers les ex-
péditions maritimes, délaissées, même sur nos

côtes, à nos voisins ; vers les vastes opérations de commerce avec les deux mondes, dont la Hollande et l'Angleterre avaient usurpé le monopole.

Ce n'était pas assez d'avoir développé les principes généraux du commerce, d'avoir, par la création de grandes compagnies, offert aux individus des exemples à suivre ; d'avoir dirigé l'industrie vers la manipulation des matiéres prémières, indigènes ou exotiques ; enfin, ce n'était pas assez d'avoir imprimé à la nation un grand mouvement, il fallait établir des règles pour les actions des individus ; il fallait mettre à la portée de tous les commerçans les principes fondamentaux de la profession qu'on voulait faire fleurir. Il fallait déduire de ces principes leurs conséquences les plus importantes, les appliquer aux transactions les plus habituelles ; il fallait, enfin, donner aux commerces intérieur et maritime une législation civile qui fût adaptée à tous leurs besoins.

L'ordonnance du commerce, et quelques années après, l'ordonnance de la marine, parurent.

Certes, la France comptera toujours parmi ses plus beaux monumens de législation ces deux ouvrages préparés, publiés sous l'influence du génie de Colbert : résultats heureux de l'étude des jurisconsultes les plus habiles, et de l'expérience des négocians les plus célèbres.

Mais ces lois, Messieurs, ne pouvaient plus convenir ou suffire au commerce de l'Empire français.

Depuis leur publication, la superficie du ter-

ritoire de la France est presque doublée; des Etats
entiers au midi, de vastes provinces au nord, ont
ajouté à l'étendue de ses frontières maritimes, au
nombre de ses fleuves ou canaux navigables, à
l'immense variété de ses productions agricoles,
à la diversité toujours croissante des produits de
son industrie.

D'un autre côté, d'abord sous les règnes des
derniers rois, ensuite pendant l'interrègne qu'on
a appelé la révolution, et enfin sous la dynastie
qui s'élève, pour effacer toute la gloire et réparer
tous les malheurs de ces dernières époques, les
mœurs de la nation, en général, les mœurs commerciales, en particulier, ont subi de grands changemens, et ces mœurs ne sont pas encore fixées.

Il est d'une haute importance de les saisir dans
ce moment d'oscillation, de les arrêter dans
des habitudes heureuses, honorables; de les diri-
ger, osons le dire, de les ramener vers cette loyauté,
cette bonne foi dont nos grandes places de commerce furent l'antique berceau, et dont elles conservent de nobles modèles.

Il est d'une haute importance de fondre, dans
un système commun, les usages et la jurisprudence de la Métropole et des pays réunis; de faire
disparaître l'influence de ces arrêts de réglemens
émanés des parlemens, et qui formaient une seconde législation au sein de la législation primi-
tive; d'effacer la trace des règles établies par les
coutumes locales, par les lois municipales, premier
bienfait et dernier inconvénient de notre ancienne
législation civile.

Il est d'une haute importance que les lois commerciales de France conviennent également au commerce de consommation des vastes cités, au commerce spéculateur des grands entrepôts, au commerce industriel des grandes fabriques, à la navigation immense des grands ports, au cabotage actif des plus petites rades, aux marchands de toile de Courtrai, de Gand, de Bretagne, de Maine et Loire, et aux fabricans des soieries de Gênes, de Lyon, de Tours; à ceux qui font tisser la laine à Elbœuf, à Sedan, à Louviers, à Verviers, et à ceux qui font tisser le coton à Tarare, à Rouen, à Alençon, à Paris, à Troies.

Il est enfin d'une haute importance que le Code de commerce de l'empire Français soit rédigé dans des principes qui lui préparent une influence universelle, dans des principes qui soient adoptés par toutes les nations commerçantes, dans des principes qui soient en harmonie avec ces grandes habitudes commerciales qui embrassent et soumettent les deux mondes.

A peine l'EMPEREUR tenait les rênes du Gouvernement, et déjà il avait senti et développé les vérités que je viens de vous retracer. Dès le 15 germinal an 9, une commission fut nommée pour préparer un projet de Code de commerce; et moins d'une année après, le 15 frimaire an 10, les membres de cette commission, MM. Vignon, Boursier, Legras, Vital, Roux, Coulomb et Mourgues, présentèrent au Gouvernement l'utile travail qui les recommande à la reconnaissance publique.

Mais ce travail n'était encore que la pensée d'un petit nombre d'hommes. Sa Majesté voulut s'environner d'autres lumières ; elle desira recueillir, pour ainsi dire, l'opinion générale du commerce et des magistrats, et, par son ordre, le projet fut envoyé aux conseils ou chambres de commerce, aux tribunaux de commerce et aux tribunaux d'appel.

Tous ont donné leurs observations, et les rédacteurs du Code, après avoir présenté l'analyse raisonnée de cette longue collection, ont fait à leur premier travail d'utiles corrections, et de notables changemens.

Présenté ainsi au Conseil de Sa Majesté, le Code de commerce y a été discuté par son ordre, pendant qu'elle portait au fond du Nord ses aigles triomphantes.

La victoire faisait le présent du Code Napoléon aux Polonais affranchis, et la sagesse dirigeait, des bords de la Vistule, le travail d'une loi nouvelle, destinée à donner le Code commercial à l'Europe.

La rédaction, la publication de ce Code occupait tellement la pensée de Sa Majesté, ses dispositions principales étaient tellement présentes à son esprit, que, le lendemain de son retour dans sa capitale, elle a voulu les soumettre, en sa présence, à une discussion nouvelle, à une sorte de révision générale, dont nous vous ferons, Messieurs, connaître l'influence et les résultats lors de la discussion successive des divers titres que nous vous apporterons.

Les premiers rédacteurs avaient partagé le Code du Commerce en trois livres seulement, dont le dernier traitait à la fois des faillites et des tribunaux de commerce; au moyen de la séparation du troisième livre en deux parties, le Code du commerce vous sera présenté en quatre grandes divisions.

La première contient les lois qui régissent le commerce en général;

La deuxième les lois particulières au commerce maritime;

La troisième traitera des faillites et banqueroutes;

La quatrième, de la compétence des tribunaux pour les affaires de commerce, et de la manière d'y procéder dans les divers cas.

Déjà, Messieurs, vous pouvez apercevoir que cette classification donne au nouveau Code de commerce un premier avantage sur l'ordonnance de 1673.

En effet, le commerçant était obligé d'aller chercher, dans l'ordonnance de la marine de 1681, toutes les règles relatives au commerce maritime, qu'il ne trouvait pas dans l'ordonnance de 1673.

Elles étaient confondues dans la première, avec des dispositions dont les unes sont du ressort de l'administration publique, comme l'instruction et l'examen des navigateurs; les autres, de l'organisation militaire de la marine, comme les attributions du grand-amiral; elles y étaient mêlées avec des objets dont les uns appartiennent au Code civil, et ont été réglés lors de sa rédaction, comme le titre des testamens en mer; les autres appartiennent à la police, comme le placement des navires dans les rades et ports; ou à la haute politique, comme le droit d'y entrer, d'y séjourner, d'y importer des denrées.

Dans le Code, tel qui vous sera soumis, Messieurs, tout commerçant, tout agent du commerce trouvera l'ensemble de la législation à laquelle sa profession l'assujéti. Il trouvera les règles des obligations personnelles, les règles des obligations synallagmatiques ou réciproques, les règles pour le cas où les obligations personnelles et réciproques ne sont pas remplies; c'est-à-dire, lorsqu'il y a faillite ou banqueroute : enfin, les règles de juridiction, de compétence et de procédure.

Dans un autre tems, bientôt peut-être, Messieurs, les autres dispositions de l'ordonnance de la marine pourront être soumises à leur tour à une utile révision. Bientôt le génie vengeur du droit des gens sur le continent vengera aussi le droit des gens sur les mers ; et le monde, l'empire français du moins, lui devra le bienfait d'un acte de navigation, que des ministres sans pudeur ne feront plus déchirer par un peuple de pirates.

Dans le système général de la loi, Messieurs, vous trouverez qu'on a imposé des obligations étroites, établi des règles sévères, prononcé des peines rigoureuses, restreint des droits accordés par le Code Napoléon.

Mais cette austérité législative a paru un contrepoids nécessaire du relâchement de la morale dans les classes commerçantes.

Avant 1789, indépendamment des trois grands ordres dans lesquels le peuple français était classé, chaque ordre était encore subdivisé par degrés, par rangs, par professions ; chaque fraction de la grande société avait son étage marqué, son gradin assigné, son cercle tracé par la loi, l'usage ou l'opinion.

Mais, à cette époque de gloire et de malheurs en même tems, où la raison d'un grand nombre essaya sans succès ce que la volonté d'un seul a fait depuis sans effort ; à cette époque de l'humiliation et de la vengeance de toutes les vanités, toutes les classes furent abaissées ou élevées sur le même plan, les liens de toutes les corporations furent brisés, les limites de toutes les professions furent effacées : les Français se crurent d'abord égaux devant la loi ; ils se sentirent bientôt égaux dans la misère, et devinrent enfin égaux sous la terreur.

Alors, chaque citoyen isolé par la crainte, et commandé par le besoin, chercha des moyens de subsistance dans la seule profession qui pût en procurer dans ces tems de richesse nominale et individuelle, de pauvreté effective et générale.

Tout le monde fut commerçant ; chaque maison devint un magasin, chaque rez-de-chaussée ouvrant sur la rue devint une boutique, qui, décorés à grands frais par l'espérance, et sur des crédits, étaient fermés bientôt avec scandale par une banqueroute, et dans lesquels se succédaient ainsi

l'ignorance ou la mauvaise foi, l'impéritie ou l'improbité.

Depuis que la société s'est réorganisée sur des
bases nouvelles, depuis que l'ordre va renaissant,
chacun on a repris son ancien état, ou s'est fixé
dans la profession qu'il avait embrassée, ou est
entré dans une nouvelle carrière; enfin, les citoyens
se sont classés comme d'eux-mêmes sous l'impul-
sion insensible de la main qui les dirige.

Toutefois, les traces du mal ne sont pas effacées,
les sources n'en sont pas taries.

La richesse n'est pas encore descendue à sa valeur, l'honneur n'est pas encore remonté à la
sienne.

L'ordre et l'économie, ces deux sources de toute
prospérité dans une maison commerciale, ne
règnent pas encore généralement, et sont trop peu
observés surtout dans les grandes cités. Le luxe des
magasins ou des boutiques, des appartemens ou
des personnes, est encore l'enseigne de trop de
commerçans, et remplace la vigilance scrupuleuse,
la probité modeste, l'exacte fidélité qui, jadis, faisaient de l'acheteur une pratique, de la pratique
un ami.

On a vu des commerçans sans livres, des livres
sans exactitude et sans suite; et trop souvent des
livres où l'exactitude apparente d'une année n'était
que la fraude effective d'une semaine, des écritures
arrangées pour masquer la mauvaise foi aux créanciers, ou dérober l'improbité à la justice.

On a vu la banqueroute mise au nombre des

moyens de s'enrichir ; on a vu des femmes se créer de l'opulence au prix de la ruine des créanciers de leur mari , et par une séparation de biens concertée , mettre d'avance à l'abri les moyens de conserver à une seule personne les jouissances d'un luxe coupable payé par la misére de plusieurs familles.

Et les mœurs mêmes ont été , sont encore trop indulgentes pour une telle conduite ; les lois sont insuffisantes contre des délits aussi graves : SA MAJESTÉ l'a reconnu avec regret, avec douleur ; elle a voulu porter au mal un reméde prompt , efficace.

De là , Messieurs , la sévérité des dispositions que vous trouverez dans le Code de Commerce, sur la tenue des livres, sur les séparations de biens entre époux, sur les avantages indirects faits aux femmes, sur les faillites même qui peuvent être reconnues innocentes, sur les banqueroutes que l'inconduite a amenées , sur celles que la fraude a préparées.

La probité rassurée applaudira à la rigueur des règles qui vont être établies ; la mauvaise foi s'en effrayera : tel accomplira d'abord ses devoirs par crainte , qui bientôt s'y soumettra par habitude , et finira par trouver du bonheur à les remplir. Les bonnes mœurs renaîtront du sein des bonnes lois.

Telles sont, Messieurs, les observations que nous avons cru nécessaires de vous présenter sur la classification générale des matières , sur l'ensemble du Code de commerce , et sur les principes qui en ont dirigé la rédaction.

Nous vous apportons aujourd'hui les sept premiers titres du premier livre ; les autres titres vous seront incessamment soumis, et une dernière loi fixera l'époque de la mise en activité du Code entier, dont aucune partie ne sera exécutée séparément ou successivement.

Au commencement du livre 1er, et sous le titre de *Dispositions générales*, les rédacteurs avaient posé des règles, établi des définitions, dont quelques-unes ont paru purement théoriques et superflues ; quelques autres ont été jugées susceptibles d'occuper une place différente.

Ainsi, nous n'avons pas pensé qu'il fût nécessaire de dire *qu'en France toute personne a droit de faire le commerce ;* mais bien de fixer le caractère auquel on reconnaît un commerçant, de dire quelles personnes peuvent, et comment elles peuvent le devenir, et nous avons fait un premier titre intitulé *des Commerçans.*

Nous avions placé ensuite et immédiatement, pour établir complétement les bases de la juris-diction commerciale, quels étaient les actes de commerce.

Mais leur nomenclature a été ultérieurement renvoyée au titre *de la Compétence et de la Jurisdiction.*

Comme elle s'exercera désormais, et sur ceux qui feront la profession de commerçant, et sur les actes de commerce, par quelques personnes qu'ils soient pratiqués ; comme la jurisdiction résultera à la fois, et de la qualité de la personne et de la nature de la transaction, la loi sera claire dans ses définitions, et facile dans son application.

En parlant des commerçans, il fallait bien parler des femmes et des mineurs.

L'Ordonnance de 1673 s'était trop peu occupée de ces deux classes d'individus; un mineur, une femme pouvaient trop aisément compromettre, l'un, sa fortune propre, l'autre, sa fortune et celle de son mari en même tems.

Tous deux ne pourront plus se livrer au commerce sans être autorisés, le mineur, par ses parens, s'il les a encore; la femme, par son époux, même quand elle sera séparée de biens.

Tous deux alors, le mineur et la femme, pourront engager ou vendre leurs immeubles, hors le cas où les biens auront été stipulés dotaux; stipulation qui leur conservera les priviléges établis au Code Napoléon.

Le deuxième titre traite *de la Tenue des livres*, dont le titre III de l'Ordonnance de 1673 établissait les régles.

Celles que nous prescrivons sont plus strictes à la fois et plus étendues.

L'Ordonnance n'enjoignait au commerçant d'inscrire sur le journal que *son négoce, ses lettres de change*, etc.

Mais on a senti que ce n'était pas assez: la conscience du commerçant doit être toute entière dans ses livres; c'est là que la conscience du juge doit être sûre de la trouver toujours.

On a donc exigé beaucoup du négociant sur le point essentiel.

L'art. 8 du Code lui prescrit d'inscrire, 1° tout ce qu'il reçoit et paie, à quelque titre que ce soit, et conséquemment même, la dot de sa femme, ou des produits de successions, donations ; enfin, des sommes provenant de causes étrangères *au négoce ;*

2° Tout *endossement* d'effets, car ces endossemens ont souvent constitué une partie considérable du passif d'un failli, sans être inscrits sur ses livres, et sans qu'on en ait pu trouver d'autres traces que dans les bordereaux fugitifs des agens de change, ou dans les notions incertaines des opérations et circulations frauduleuses qui se sont pratiquées.

L'inventaire prescrit par l'Ordonnance de 1673 était un acte isolé qui n'était pas soumis à la transsaction sur un registre, et ne devait avoir lieu que tous les deux ans. Il se fera désormais tous les ans, et son authenticité sera garantie par sa copie sur un registre spécial.

Le titre III traite *des Sociétés.*

L'Ordonnance semblait n'en reconnaître que deux : la société générale, et la société en commandite, encore les règles de cette dernière étaient-elles mal établies.

Les rédacteurs en avaient ajouté deux autres : la société par actions, et la société en participation; et ainsi, en reconnaissaient de quatre sortes.

Nous les avons réduites aux trois premières,

comme le Code civil (art. 13 à 19), parce que la société en participation n'est qu'un acte passager, qu'une convention qui s'applique à un objet unique, et ne repose pas sur les mêmes bases, ne peut avoir les mêmes résultats que les trois autres genres d'association.

Nous nous sommes attachés à caractériser exactement les divers contrats de société.

La définition de la société générale ou en nom collectif a offert peu de difficultés ; elle est généralement connue et adoptée.

Mais s'il importait de favoriser la société en commandite, qui permet à tout propriétaire de capitaux de s'associer aux chances commerciales; qui donne un aliment à la circulation ; qui ajoute à son activité; qui multiplie les liens sociaux par une communauté d'intérêts entre le propriétaire foncier et le fabricant, entre le capitaliste et l'armateur, entre les premiers personnages de l'État et le commerçant le plus modeste; il importait d'empêcher les spéculations frauduleuses faites avec audace, sous un nom inconnu, à l'aide duquel on faisait les plus hasardeuses opérations de commerce, de banque ou d'agiotage, et qu'on livrait, en cas de mauvais succès, au déshonneur obscur d'une banqueroute calculée d'avance.

L'interdiction de toute gestion aux commanditaires, sous peine de solidarité absolue, la publicité et l'affiche du contrat de société, pour qu'on connaisse la somme donnée ou promise par le commanditaire, et conséquemment la mesure des ressources et du crédit du commandité, sont les principales règles établies par la loi.

Les sociétés anonymes ou par actions ont dû aussi fixer l'attention des rédacteurs du Code.

Elles sont un moyen efficace de favoriser les grandes entreprises, d'appeler en France les fonds étrangers ; d'associer la médiocrité même, et presque la pauvreté aux avantages des grandes spéculations ; d'ajouter au crédit public et à la masse circulante dans le commerce. Mais trop souvent des associations mal combinées dans leur origine, ou mal gérées dans leurs opérations, ont compromis la fortune des actionnaires et des administrateurs, altéré momentanément le crédit général, mis en péril la tranquillité publique.

Il a donc été reconnu, 1.º que nulle société de ce genre ne pouvait exister que d'après un acte public, et que l'intervention du Gouvernement était nécessaire pour vérifier d'avance sur quelle base on voulait faire reposer les opérations de la société, et quelles pouvaient en être les conséquences.

Avec ces précautions, avec celles de la publicité commune aux trois espèces de sociétés, les administrateurs de la société anonyme, ou par actions, géreront avec sécurité pour eux et pour les actionnaires ; ils ne seront plus exposés à ces recours en garantie, à ces poursuites solidaires qui ont troublé le repos, détruit l'aisance et ruiné le crédit des hommes les plus estimables.

Si, dans les sociétés ainsi organisées, soumises

à des règles précises qui offrent tous les moyens pour arriver au bien, toutes les garanties pour préserver du mal; s'il survient des contestations, la loi en enlève la connaissance aux tribunaux; elle ordonne le jugement par arbitre, et indépendamment des dispositions sur les arbitrages portés au Code de procédure civile, elle fixe un mode particulier qui assure la prompte expédition des affaires, et tarit entre les individus ou la famille la source de toute discorde.

Le titre IV, qui traite *des Séparations de biens*, ajoute d'utiles et sévères dispositions aux précautions déjà prises par le Code civil, art. 865 et suivans.

Mais le Code civil ne pourvoit qu'à la solennité, à la publicité, à l'exécution réelle des séparations prononcées par jugement et depuis le mariage.

Le Code de commerce pourvoit aussi à ce qui peut arriver, si un homme déjà commerçant se marie séparé de biens, ou sous le régime dotal; et si un homme déjà séparé de biens, ou marié sous le régime dotal se fait commerçant.

Il exige, dans ces deux suppositions, l'affiche et publication du contrat; il associe le notaire qui le reçoit à l'obligation de remplir les formalités que la loi prescrit.

Enfin, il assujétit aux mêmes règles tout commerçant qui sera dans l'un ou l'autre de ces deux cas lors de la publication du Code, et lui accorde un an pour remplir les formalités qu'il détermine.

C'est ainsi que la fraude des séparations concertées disparaîtra ; c'est ainsi que cessera pour les femmes cet isolement d'intérêt, ce sentiment d'égoïsme qui les rend presqu'étrangères dans la maison de leur mari, qui les laisse indifférentes sur la prospérité de leurs affaires, qui va quelquefois plus loin, et en fait, au sein d'un établissement florissant, un vampire destructeur ; lequel, pour satisfaire une cupidité honteuse, ou fournir à un luxe ruineux, aspire peu à peu les capitaux destinés à vivifier un commerce qui s'anéantit faute d'aliment, tombe avec honte, ou s'écroule avec scandale.

Après avoir parlé des commerçans et des règles que la sûreté générale leur impose, le Code devait s'occuper *des agens que le commerce emploie.*

Déjà une loi a consacré l'existence *des agens de change et courtiers*, intermédiaires toujours utiles, nécessaires quelquefois sur les places et ports de commerce.

Le titre V du livre I.er ajoute aux dispositions de la loi déjà rendue, et le titre VI traite des commissionnaires dont nulle loi n'avait encore parlé.

Et, d'abord, les fonctions des agens de change et courtiers sont plus spécialement fixées et limitées, leurs devoirs plus positivement consacrés.

Les courtiers, interprètes conducteurs de navires, créés d'abord par l'ordonnance de la marine, sont circonscrits dans leurs vraies fonctions, desquelles sont exclus désormais les courtiers de roulage qu'on y avait, par erreur, associés dans quelques endroits.

Les agens de change et courtiers sont astreints à
tenir des livres, et à y consigner toutes leurs opérations : le secret demandé souvent par prudence,
mais plus souvent exigé par mauvaise foi, ne sera
jamais trahi par l'indiscrétion, mais il pourra être
dévoilé par la justice.

Aucun agent de change, aucun courtier ne
pourra faire d'affaires personnelles et pour son
compte. Ainsi cesseront des abus de confiance,
fort rares sans doute, mais dont les affligeans
exemples ont prescrit la prévoyance au législateur.

Nul agent de change ou courtier ne pourra
être garant de l'exécution des marchés faits par
son entremise. Ainsi, nulle banqueroute d'un
agent de change ou courtier n'aura lieu sans que
cette banqueroute soit coupable, et sans qu'elle
conduise au déshonneur, à la punition.

Indépendamment de ces règles, applicables aux
transactions générales du commerce, le Gouvernement pourvoira aux règles de la négociation
des effets publics, par des réglemens particuliers
qui ajouteront au bienfait de la loi et feront cesser
toutes les incertitudes des tribunaux sur cette matière.

Le titre *des Commissionnaires* règle leurs devoirs et établit leurs droits ; il consacre les usages
les plus accrédités, les vœux les plus sages des
commerçans.

Un commissionnaire qui reçoit des marchandises pourra désormais, avec sécurité, faire des
avances sur ces marchandises, s'il les a dans ses

magasins, ou s'il en a les lettres de voiture ou les connaissemens. La loi lui garantit un privilége équitable, et favorise, par ce moyen, le cultivateur, le négociant et le consommateur. Les commissionnaires de transports par terre et par eau, les voituriers trouvent dans les sections II et III du même titre, tous les principes qui leur sont applicables, et les tribunaux, des règles précises et universelles, au lieu d'une jurisprudence douteuse et diverse.

Enfin, Messieurs, le titre VII, le dernier de ceux que nous vous présentons en ce moment, détermine les formes, la manière dont les ventes et achats peuvent être commercialement établis.

Il lève l'incertitude où l'on était sur la valeur du témoignage isolé d'un agent intermédiaire du commerce, d'un agent de change ou courtier; il remet à l'autorité discrétionnaire du tribunal la faculté de chercher la vérité dans la correspondance, dans les livres des parties, et même, dans tous les cas, et quelle que soit la somme, dans l'admission de la preuve testimoniale.

Je vous ai d'abord exposé rapidement, Messieurs, les principes généraux d'après lesquels le Code entier a été rédigé; vous avez dû voir que les dispositions particulières que je viens d'analyser sont des conséquences immédiates ou éloignées de ces principes : celles qui vous seront successivement présentées en dériveront de même, et la France aura un autre Code, qu'elle pourra, comme le Code Napoléon, montrer avec orgueil, donner comme un bienfait à ses voisins, à ses alliés.

Elle le pourra, parce que ce second Code, comme le premier, portera l'empreinte du génie sous l'inspiration duquel il fut conçu, discuté, écrit; parce qu'on y retrouvera ce besoin de l'ordre, ce sentiment du juste, ce respect de toutes les propriétés, qui caractérisent tous les actes de législation, de gouvernement et d'administration de Sa Majesté.

La reconnaissance des français n'oubliera pas que c'est au sein de la gloire militaire la plus enivrante que Sa Majesté préparait des monumens d'une autre gloire plus durable, et, quoique moins éclatante, plus chère peut-être à son cœur. Elle n'oubliera pas que sur le champ de bataille où sa tête auguste, exposée à tant de périls, réglait le sort des combats et les destinées de l'Europe, Sa Majesté concevait en même tems des lois, projetait des institutions pour le *Grand et bon Peuple*, fier aussi d'avoir un monarque si grand pour l'Univers, et si bon pour ses sujets, qui ne veulent plus le louer que par leur amour, et le récompenser que par leur bonheur.

EXPOSÉ DES MOTIFS

Du Titre VIII du Livre Ier du Code du Commerce, présentés au Corps Législatif

PAR M. BÉGOUEN, CONSEILLER D'ÉTAT,

Séance du mercredi 2 septembre.

———————

MESSIEURS,

NOUS sommes chargés par S. M. L'EMPEREUR ET ROI de vous présenter le titre VIII du livre Ier du projet de Code du Commerce : ce titre est celui *de la Lettre de change et du Billet à ordre.*

Ce mot, *la lettre de change*, ne peut être prononcé sans se lier aussitôt , par la pensée, au commerce ; sans rappeler son influence sur le bonheur des peuples, sur la prospérité, la richesse et la puissance des Etats.

Le commerce, qui, par la distribution du travail , combat l'oisiveté corruptrice des mœurs, qui encourage l'industrie , en fournissant les matières premières aux manufactures, et en procurant la vente de leurs produits ; qui fait prospérer l'agriculture, en activant la reproduction par la consommation ; qui a créé la navigation, par qui le monde s'est aggrandi ; qui a porté la civilisation dans toutes les parties du globe, et lié l'une à l'autre toutes les nations de la terre.

Le commerce, dont l'importance profondément sentie a dicté au plus grand homme de l'histoire, au héros pacificateur de l'Europe, ces paroles mémorables, « *que la paix générale est l'objet* » *de tous ses vœux; mais qu'il veut, pour la* » *France, du commerce et des colonies* »; le commerce, dis-je, est redevable à la lettre de change de la plus grande partie de ses progrès et des immenses développemens qu'il a acquis depuis quelques siècles.

Dans les tems même où les peuples étaient parvenus à donner aux métaux précieux la forme de monnaie, les frais et les risques du transport indispensable pour solder au-dehors les achats ou les échanges, lui imposaient de grandes entraves dans l'intérieur, et le rendaient presqu'impraticable avec l'étranger.

La lettre de change a été inventée.

Cet événement, qui forme dans l'histoire du commerce une époque presque comparable à celle de la découverte de la boussole et de l'Amérique, a fait disparaître toutes ces entraves.—La lettre de change a affranchi les capitaux mobiliers, elle en a facilité les mouvemens et la disposition; elle a créé une somme immense de crédit: le commerce dès lors n'a plus connu d'autres limites que celles du monde.

Soit que l'Europe ait l'obligation de cette belle conception au génie commercial des Juifs chassés de France et réfugiés en Lombardie, soit qu'il faille

la reporter aux Florentins expulsés de leur patrie
et retirés en France, par suite de leurs divisions
intestines, ce contrat si concis dans sa rédaction,
si énergique dans son expression, si simple dans
son objet, si fécond en résultats, tient le premier
rang parmi les papiers de crédit.

A ce titre, il a fixé l'attention des jurisconsultes
les plus distingués.

Leur sagacité s'est exercée à en examiner scru-
puleusement l'essence. Dans l'analyse qu'ils en ont
faite, ils y ont trouvé réunis le contrat de mandat,
et celui de change ou de vente.

C'est de la nature de ces contrats que découlent
tous les principes et que sont dérivées toutes les
règles qu'a établies le législateur, relativement à
la lettre de change.

Les principales sont :

Que celui à l'ordre de qui la lettre est tirée, en
transfère la propriété par un endossement régulièrement fait, sans qu'il soit besoin de signification
de transport :

Que le tireur et les endosseurs sont tenus de garantir le paiement de la lettre à l'échéance ; comme
réciproquement le porteur est obligé de se présenter à ce même terme d'échéance, pour en exiger le
paiement :

Que le porteur qui a fait à l'échéance, à défaut
de paiement, les actes prescrits par la loi, peut
exercer son recours, c'est-à-dire, répéter son remboursement, des endosseurs, du tireur, ainsi que

des donneurs d'aval, s'il y en a; tous les signataires de la lettre de change étant solidairement garans les uns des autres, et tenus au remboursement sous cette solidarité.

Tous les commentateurs ont aussi pensé qu'il est du caractère essentiel de la lettre de change qu'il y ait remise d'argent d'un lieu à un autre, c'est-à-dire, qu'elle doit être payable dans un autre lieu que celui où elle a été créée.

L'ordonnance de 1673 ne l'avait pas textuellement prononcé; mais cette opinion unanime des jurisconsultes avait fixé la jurisprudence sur ce point; et quoique plusieurs chambres et tribunaux de commerce, et même quelques tribunaux civils, eussent exprimé le vœu de voir fléchir ce principe devant des considérations d'avantages, de commodité et de facilités pour le commerce intérieur, on a cru devoir au contraire le consacrer par une disposition textuelle. On a pensé que ce contrat, environné par la loi d'une protection si particulière, doit avoir des formes et un caractère qui le distinguent éminemment de tous autres effets négociables.

Je dois, Messieurs, vous entretenir d'un petit nombre de changemens faits à l'ordonnance, indiqués par l'expérience d'un siècle, sollicités par la justice, ou par les besoins du commerce; et d'abord vous remarquerez celui apporté aux dispositions de l'article 16 du titre V de l'ordonnance de 1673.

Cet article relevait, tant envers les endosseurs qu'envers le tireur, le porteur négligent, de la déchéance qu'elle avait prononcée contre lui par l'article 15, et soumettait en conséquence les endosseurs comme le tireur, à prouver, en cas de dénégation, que ceux sur qui la lettre était tirée, avaient provision à l'échéance.

Il résulte au contraire des dispositions des articles 117 et 168 du projet de loi, qu'en cas de protêt tardivement fait par le porteur, la déchéance qu'il a encourue est fatale et sans retour à l'égard des endosseurs.

Pour établir la justice de cette disposition, il suffit de considérer que si d'une part le tireur contracte l'obligation de faire trouver les fonds à l'échéance dans le lieu où la lettre doit être payée, le porteur, de son côté, contracte non moins rigoureusement celle de se présenter à cette époque pour les recevoir.

De la combinaison de ces deux obligations, dérivent les droits de tous les signataires.

Si le protêt a été fait en tems utile, le porteur exerce son recours contre les endosseurs et le tireur, dans les formes et les délais prescrits.

Si, au contraire, le protêt a été tardivement fait, le porteur n'a plus d'action ni contre le tireur ni contre les endosseurs; sa déchéance en ce cas, était expressément prononcée par l'article 15 de l'ordonnance.

Cependant, il est de toute justice que le porteur soit relevé de cette déchéance, à l'égard du tireur, si ce dernier ne prouve pas que celui sur qui la lettre était tirée, lui était redevable ou avait provision au tems où elle aurait dû être protestée.

Rien n'est plus juste à son égard ; car le tireur, en livrant la lettre de change, en a reçu la valeur, il a pris l'obligation personnelle d'en faire trouver les fonds à l'échéance, chez celui sur qui il a tiré. S'il ne l'a pas fait, le porteur ne lui a pu porter aucun préjudice par le retard du protêt ; il profiterait au contraire très-injustement, de la déchéance prononcée contre le porteur, et le montant de la lettre de change, dont il aurait reçu le prix sans la payer, serait de sa part un véritable vol.

Il n'en est pas de même des endosseurs ; et s'il est juste, si tel est le texte et le vœu de la loi, que le tireur qui justifie avoir fait la provision soit libéré, la conséquence rigoureuse et de droit, est que les endosseurs soient déchargés sans être astreints à faire cette preuve ; parce que chacun d'eux a payé la lettre de change en l'acquérant.

Parce que, la garantie solidaire des endosseurs avec le tireur est expirée le jour où le porteur a encouru la déchéance prononcée par la loi, pour n'avoir pas rempli son obligation expresse, celle de se présenter à l'échéance.

Parce qu'il ne doit pas dépendre du porteur d'empirer, par son fait, la condition des endosseurs, en prolongeant indéfiniment leur garantie. Prolongation qui entraînerait pour eux une augmentation de risques ; puisque, pendant ce tems, leurs cédans et le tireur lui-même, pourraient être tombés en faillite.

Parce qu'il serait injuste que l'endosseur qui a déjà payé la lettre, qui a rempli toute ses obligations, fût exposé à la payer une seconde fois, tandis que le porteur seul en faute, serait indemne.

Enfin, parce qu'il n'y a aucun motif fondé de faire renaitre au préjudice des endosseurs, le titre du porteur périmé par la déchéance prononcée contre lui, et de recréer en sa faveur la solidarité des endosseurs, éteinte avec le terme de leur engagement.

Une disposition remarquable encore dans la loi nouvelle, est l'abrogation de tous délais de grâce, de faveur, d'usage ou d'habitudes locales pour le paiement des lettres de change.

L'ordonnance de 1673 avait accordé dix jours au porteur pour faire le protêt, faute de paiement; mais une déclaration du roi ayant donné au payeur le droit d'exiger ces dix jours, il en était résulté qu'ils étaient devenus une extention absolue du terme d'échéance exprimé par la lettre de change, de telle manière que le porteur ne pouvait faire valablement protester que le dernier des jours appelés jours de grâce. Ainsi, la véritable échéance de la lettre, était fixée à ce dernier jour, au lieu de celle exprimée dans la lettre. Il y avait donc cette discordance convenue entre l'expression et l'intention des contractans.

Il n'en résultait aucun avantage pour personne : le porteur, comme le payeur d'une lettre tirée à soixante jours de date, savaient également, l'un, qu'il ne devait la présenter, l'autre, qu'il ne de-

vait la payer ou en subir le protêt, que le soixante-
dixiéme jour. Cette espéce de tromperie, dans les
expressions, était donc sans objet, et c'était une
erreur, quoique ce fût l'opinion de quelques commentateurs, que ces prétendus dix jours de grâce
fussent avantageux au commerce et également fa-
vorables aux porteurs, au tireur et à l'accepteur
ou au débiteur de la lettre. Dans le fait, rien de
plus insignifiant, de plus inutile aux uns comme
aux autres.

Par l'article 161, la loi veut que le porteur
exige le paiement de la lettre le jour même de
son échéance exprimée; et par l'article 162, que
le protêt, faute de paiement, en soit fait le lendemain, et si ce lendemain est un jour férié légal,
le jour suivant.

Plusieurs tribunaux et chambres de commerce
auraient desiré qu'on eût accordé trois jours pour
faire le protêt. Quelque soit le poids de leur opinion et la confiance qu'elle inspire, on a cru devoir résister à ce vœu, qui a paru moins le fruit
de la réflexion que de l'habitude et de l'empire
des mots.

En effet, on vient de voir qu'il n'y avait pas de
véritables jours de grâce pour faire le protêt, puisqu'ils appartenaient rigoureusement au payeur;
que le jour même de l'échéance réelle, était le
seul jour où le protêt dût être fait. La loi nouvelle,
qui statue que le protêt sera fait le lendemain,
accorde donc un jour de plus, conséquemment
une plus grande facilité.

Une considération décisive, d'ailleurs, est celle-ci:

qu'il importe singulièrement au commerce que le jour de l'échéance et celui où le protêt doit être fait, soient fixés et ne puissent varier au gré du porteur.

Si celui-ci pouvait, à son choix, resserrer ou étendre cette échéance par la faculté de faire protester quelques jours plus tôt ou plus tard, le tireur et les endosseurs seraient souvent exposés à être les victimes de la complaisance qu'il aurait eue de différer le protêt, ou plutôt l'usage ne manquerait pas de s'établir, de ne faire protester que le dernier jour, et on rentrerait dans l'ancien système.

L'article 145 du projet présente une disposition essentielle sur un point que l'ordonnance de 1673 avait laissé dans le droit commun, et sur lequel la jurisprudence des tribunaux avait extrêmement varié.

Il a paru nécessaire que le législateur se prononçât.

Cet article décide que celui qui paye une lettre de change à son échéance et sans opposition, sera *présumé* valablement libéré.

Plusieurs arrêts des cours avaient jugé diversement. Des jurisconsultes célèbres étaient partagés d'opinions.

Pothier, Jousse et autres, qui se sont attachés au principe, que nul ne peut transporter à autrui plus de droits qu'il n'en a, ont soutenu que le paiement n'est pas valable s'il n'est fait au véritable créancier; que celui qui payait sur un faux acquit ou sur un faux ordre, n'était pas libéré envers le vrai propriétaire de la lettre.

Mais ces principes, ces règles de droit, dont il ne peut être permis de s'écarter dans les affaires civiles ordinaires, sont-elles ici applicables ?

La lettre de change, cette espèce de monnaie, frappée au coin du commerce, lancée dans la circulation générale, qui parcourt avec une si grande rapidité tant de villes et de pays, qui devient en si peu de tems la propriété d'un si grand nombre de personnes, dont les noms et les signatures sont inconnus de celui qui doit la payer à l'échéance, au jour, à l'instant même où elle lui sera présentée, peut-elle être assujétie à ces mêmes règles ?

Pour que l'application des principes fût entière, il ne suffirait pas d'exiger la vérité de l'acquit ou du dernier ordre ; il faudrait encore exiger celle de tous les endossemens, en remontant d'ordre en ordre jusqu'au premier endosseur.

Ce système, érigé en loi positive, rendrait presque impossible le paiement des lettres de change, et détruirait leur circulation.

Cependant, comme on ne peut méconnaître qu'une disposition qui déclarerait sans restriction valablement libéré celui qui paye une lettre de change à son échéance sans opposition, présenterait aussi des inconvéniens ; qu'elle semblerait affranchir le payeur de toute précaution, de toute prudence ; qu'elle assimilerait en quelque sorte la lettre de change à un effet au porteur ; qu'elle paraîtrait élever contre le vrai propriétaire une fin de non-recevoir, insurmontable même en cas de collusion entre le payeur et le porteur, ou en cas d'une négligence excessive, voisine de la collusion et du dol : la loi déclare seulement que le payeur est *présumé* valablement libéré. Il aura en sa faveur la présomption légale. C'est le demandeur qui sera tenu de prouver les faits par lesquels il prétendrait l'inculper et le rendre responsable du paiement. Les tribunaux feront justice.

En ce qui touche le rechange et comptes de retraite, le projet de loi ne s'écarte point de l'ordonnance de 1673.

Le principe de l'ordonnance était tout entier dans l'article 5 du titre VI, portant :

« La lettre de change étant protestée, le rechange
» ne sera dû par celui qui l'aura tirée, que pour
» le lieu où la remise aura été faite, et non pour
» les autres lieux où elle aura été négociée, sauf
» à se pourvoir, par le porteur, contre les endos-
» seurs pour le paiement du rechange des lieux
» où elle aura été négociée suivant leur ordre ».

Ce principe ne reçoit aucune altération, et se retrouve seulement plus développé dans les articles 179, 180, 181, 182 et 183 du projet.

On aurait pu, à la rigueur, considérer que le tireur, en livrant à la circulation du commerce une lettre à ordre, est censé avoir véritablement donné la faculté indéfinie, de négocier dans tout les lieux ; que les rechanges ne sont occasionnés que par son manquement à l'obligation de faire les fonds à l'échéance, et en conséquence faire retomber sur lui seul, la charge de tous les rechanges accumulés.

Mais si, tout bien considéré, ce n'eût été que

justice, cette justice a semblé trop sévère, et comme chaque endosseur a réellement profité pour ses propres intérêts de la faculté de négocier en tous les lieux qu'il lui a convenu, il a paru qu'il y aurait plus de mesure, de modération et même d'équité dans la disposition adoptée, conforme d'ailleurs à l'usage le plus général du commerce de l'Europe, comme à notre ancienne ordonnance.

A côté et parallèlement, pour ainsi dire, à la lettre de change, marche et circule une autre espèce d'effet de commerce, dont l'usage s'est singulièrement étendu depuis l'époque de 1673; c'est le billet à ordre.

Le principal caractère de différence est que, la lettre de change ne peut être tirée que d'un lieu sur un autre. Au lieu que le billet à ordre est le plus souvent payable dans le lieu même où il a été souscrit; de sorte qu'il n'y a pas, comme pour la lettre de change, remise d'argent de place en place. Caractère de différence qui, cependant, s'efface en quelque sorte dans certaines circonstances, c'est-à-dire, lorsque le billet à ordre est fait payable à un domicile étranger au lieu de la résidence du confectionnaire.

Au reste, le billet à ordre circule dans le commerce comme la lettre de change, au moyen de l'endossement; cet endossement en transfère également la propriété, sans aucune formalité et sans signification du transport. Les signataires sont solidaires les uns des autres, comme les signataires de la lettre de change; le porteur est tenu des mêmes devoirs et obligations, et sous les mêmes peines. — Il aura aussi le même droit, faute de paiement, de prendre de l'argent sur la place à rechange, et d'exercer, d'endosseur à endosseur, retraite sur les lieux où le billet a été négocié.

Tout cela est ainsi décidé et réglé par l'article 187, section II.

Ces dispositions ont paru la conséquence nécessaire de la nature et des fonctions de ces effets, devenus d'un si grand usage dans les opérations commerciales, et qui, concurremment avec les lettres de change, remplissent tous les canaux du commerce, comme ils satisfont à tous ses besoins, à toutes ses convenances.

Enfin, Messieurs, l'ordonnance, par son article 21 du titre *des Lettres et Billets*, avait fixé à cinq ans la prescription en fait de lettres ou billets de change, et n'avait rien dit sur les simples billets à ordre; ce qui laissait la prescription à leur égard dans les termes du droit commun, fixée à trente ans.

On a pensé que la rapidité de la marche des affaires commerciales, considération qui avait sans doute porté le législateur de 1673 à restreindre à cinq ans la prescription en fait de lettres de change, justifiait la convenance et l'utilité de la même disposition à l'égard du billet à ordre.

C'est une juste conséquence de la similitude de fonctions et de services de ces deux espèces d'effets de commerce.

Tels sont, Messieurs, les motifs du projet de loi que nous vous présentons; nous espérons qu'ils vous paraîtront suffisans pour lui concilier vos suffrages et votre assentiment.

———

EXPOSÉ DES MOTIFS

*Des Titres I à VIII, inclusivement, du Livre II,
du Code du Commerce, présentés au Corps
Législatif*

PAR M. BÉGOUEN, CONSEILLER D'ÉTAT,

Séance du 8 septembre 1807.

MESSIEURS,

SA MAJESTÉ L'EMPEREUR et ROI a ordonné que
le deuxième livre du Code du Commerce vous soit
présenté.

Ce livre comprend toutes les transactions maritimes; et il remplace, sous ce rapport, l'ordonnance de 1681.

Vous annoncer, Messieurs, que nous avons dé-
taché de cette belle ordonnance tout ce qui appartient à l'administration, à la police, au droit public, et qui n'a pas été jugé devoir faire partie du
Code de Commerce maritime; que nous avons, du
reste, conservé tous les principes qu'elle a consacrés, en quelque sorte, en ce qui touche les contrats maritimes; que nous ne nous sommes permis qu'un petit nombre de changemens, qui nous
paraissent justifiés par ceux mêmes qu'ont éprou-
vés le commerce et la navigation dans le laps d'un
siècle, ou par la justice la plus évidente; c'est vous

dire, ce nous semble, que l'amour de l'ordre, le respect dû à la sagesse de nos ancêtres, et une juste circonspection ont dirigé nos travaux; et que si c'est avec confiance que nous venons soumettre ce projet de loi à votre examen, cette confiance nous est inspirée par notre admiration même pour l'ordonnance sur laquelle nous nous appuyons.

Héritiers, si nous pouvons nous exprimer ainsi, d'un tel dépôt de lumières et de connaissances, nous avons cru qu'en distribuer les dispositions avec méthode dans un plan facile et suivi; les dégager de toute espèce d'incertitude et de nuage; les mettre encore plus, s'il est possible, à la portée de tout homme de bonne foi et d'un sens droit, c'était rendre un service signalé à la navigation et au commerce; donner à la législation qui en régit les intérêts, une nouvelle garantie par sa simplicité même, et remplir les vues aussi étendues que profondes de l'Empereur.

Combien de siècles se sont écoulés avant d'avoir amassé d'aussi riches matériaux, avant d'être parvenus à de si heureux résultats! et quel imposant spectacle offre la marche progressive de la législation maritime!

Le courage, le besoin, la pauvreté et même l'amour du pillage ont enfanté la navigation chez les anciens; mais cette source s'est épurée: des communications utiles et un commerce régulier, fondé sur la foi réciproque, ont succédé au brigandage.

Les Phéniciens paraissent des premiers sur cette grande scène, se distinguent entre toutes les nations par la hardiesse de leurs courses sur mer, par l'étendue de leurs entreprises, par la grandeur et la puissance des colonies qu'ils ont fondées.

Les vaisseaux de Tyr ont couvert la Méditerranée dans des tems où l'Océan n'existait pas encore pour le commerce; ses lois maritimes ont passé à Rhodes, à Carthage.

Sous le nom de lois Rhodiennes, elles furent adoptées par les Romains, qui en admirèrent la sagesse.

Elles régirent, à cette époque, le monde commerçant; mais la destruction de l'empire Romain, par l'invasion des Bardes, les fit, pour ainsi dire, disparaître; elles tombèrent dans le plus profond oubli.

Ce n'est que vers le douzième siècle qu'a reparu en Europe l'aurore d'une législation maritime.

C'est alors qu'a paru le *Consulat de la mer*, que les nations commerçantes s'empressèrent d'adopter.

A une époque plus rapprochée, Wisbuy, Bruxelles, Lubeck, Amsterdam, Anvers, se glorifient de leurs réglemens maritimes. La Guyenne revendique *les Jugemens d'Oleron*; et Rouen, cette industrieuse capitale de la fertile Neustrie, cite avec orgueil le *Guidon de la mer*.

C'est à ces sources riches et fécondes, que les rédacteurs de l'ordonnance de 1681 ont puisé les principes d'équité et de sagesse qui caractérisent leurs ouvrages; et c'est sans doute un grand malheur que les procès-verbaux de cette belle loi n'aient point été conservés, nous y aurions puisé des renseignemens lumineux;

Ils auraient ajouté aux secours que nous avons trouvés, et dans les observations des habiles jurisconsultes qui ont commenté l'ordonnance, et dans le travail précieux des premiers commissaires chargés par le Gouvernement, il y a peu d'années, de préparer le Code de Commerce, qui s'en sont si dignement acquitté.

Quoi qu'il en soit, c'est déjà justifier en grande partie le projet qui vous est présenté, que de dire que nous avons suivi presque toujours l'ordonnance de 1681.

Les huit premiers titres de ce projet, que nous vous apportons ici, vous fourniront la preuve de cette vérité.

Les articles nouveaux qui réglent les droits, les devoirs des propriétaires des navires, les priviléges des créanciers, les obligations et les fonctions du capitaine, le sort des équipages, sont à très-peu d'exceptions près, en harmonie avec les anciennes dispositions.

Cependant, quelques additions et même quelques changemens nous ont paru nécessaires.

Par exemple, nous avons cru qu'il était utile d'établir plus complétement l'ordre des priviléges, et il a été jugé indispensable de prendre des précautions que le législateur de 1681 avait négligées, pour constater l'existence et la légitimité des créances privilégiées; ce qui était d'autant plus essentiel,

que ces créances peuvent quelquefois absorber le
gage commun des créanciers ordinaires : tel est
l'objet des neuf paragraphes de l'article 4.

L'ordonnance avait voulu que les intéressés au
navire dont on saisirait une portion au moment
où il serait prêt à mettre à la voile, ne pussent
le faire naviguer qu'en donnant caution jusqu'à
concurrence de l'estimation de la portion saisie.
On les autorisait, à la vérité, à faire assurer cette
portion, et à emprunter à la grosse pour payer le
coût de l'assurance ; mais on leur assignait le remboursement de l'emprunt seulement, sur le profit
du retour.

Il a paru évident que la charge d'une caution,
pour la valeur de la portion saisie, imposée aux
copropriétaires, était aussi onéreuse que peu juste.

Le créancier saisissant ne pouvait réclamer plus
de droits que son débiteur : celui-ci ne pouvait
avoir avec ses copropriétaires que des comptes à
régler ; jamais il n'aurait pu leur demander caution de sa portion ; jamais il n'aurait pu soustraire,
tant que l'association durait, cette portion aux
chances de la navigation, que par le moyen d'une
assurance qui aurait été entièrement étrangère à
ces associés.

Comment donc le créancier qui le remplace
pouvait-il être admis à rejeter sur ces copropriétaires ces mêmes chances sous la simple autorisation de se faire assurer pour leur compte.

Car il est constant que suivant le texte et le
sens de l'ordonnance, cette assurance devait se

faire pour le compte des copropriétaires, puisqu'ils étaient obligés de donner caution, jusqu'à concurrence de la portion saisie.

Il était évident encore que le remboursement du coût d'assurance délégué en faveur des copropriétaires, sur *le profit du retour*, pouvait être assez souvent illusoire, par la raison qu'il n'est pas rare qu'il n'y ait ni retour ni profit.

La justice paraissait donc demander que les copropriétaires eussent pu faire naviguer le navire dont une portion serait saisie au moment où il serait prêt à faire voile, à la charge de rendre compte de cette même portion au créancier saisissant et de donner caution à cet effet.

Mais en traitant ce sujet, nous sommes arrivés à des résultats d'une plus grande importance.

Nous avons dû examiner s'il est dans l'intérêt général de la navigation et de la chose publique, de permettre la saisie d'un navire au moment où il est prêt à faire voile ; si l'intérêt d'un seul, de celui qui a négligé jusqu'alors de mettre en avant ses prétentions ou ses droits, peut entraver les spéculations des chargeurs, compromettre leur fortune, frustrer les espérances de ses copropriétaires, faire manquer peut-être l'entreprise la mieux calculée, et nous sommes parvenus à une solution négative : nous avons cru qu'un navire prêt à faire voile ne devait pas être saisissable : la législation de quelques nations commerçantes venait encore à l'appui de cette opinion et de la disposition établie en conséquence par l'article 26.

L'activité de la navigation, l'intérêt des tiers, la

faveur du commerce nous ont paru justifier le sacrifice temporaire et léger du droit quelquefois équivoque d'un créancier négligent.

Une seule exception a paru juste, et elle est
prononcée. Cette exception porte sur les dettes
contractées pour le voyage. On peut supposer que,
sans ces dettes, le bâtiment n'aurait pas été mis en
état de faire voile. Il faut donc les payer. Et dans
ce cas même, une caution peut encore, dans la
disposition du projet, concilier tous les intérêts.

Les devoirs du capitaine et ses fonctions ont dû
aussi attirer toute l'attention et la vigilance de la
loi ; combien ne sont - elles pas importantes ces
fonctions, et ces devoirs sacrés !

Le capitaine est le mandataire des propriétaires
du navire : il répond, sauf les événemens de force
majeure, aux chargeurs de leurs marchandises ; il
répond à l'État de son équipage ; en mer, en voyage
il est presqu'exclusivement chargé de tous ces intérêts ; ses fonctions s'ennoblissent sous tous ces rapports, et sa responsabilité n'en est que plus grande.
C'est à ce titre, Messieurs, qu'il a été reconnu qu'il
devait répondre des fautes, même légères, dans
l'exercice de ses fonctions. Et telle est en effet la
disposition de l'article 52, qui rentre d'ailleurs,
même avec quelque modification favorable, dans
la théorie générale qui règle les obligations de tout
mandataire salarié.

En arrivant aux matelots, vous remarquerez
sûrement, Messieurs, avec intérêt, que par l'art.
65, leur sort est amélioré dans le cas où étant
loués au mois, pour un voyage déterminé, le voyage

déjà commencé est rompu par le fait des propriétaires ou du capitaine.

L'article 3 du titre de *l'engagement de l'ordonnance*, contenait à cet égard des dispositions discordantes, et telles, que le matelot loué au mois pouvait se trouver exposé à recevoir de moindres loyers, si la rupture arrivait après le voyage commencé, que dans le cas où elle aurait eu lieu avant le voyage.

Le quatrième paragraphe de l'article 63 du projet, fait disparaître cette contradiction, et redresse le tort qui était fait aux matelots ; il leur est alloué la moitié de leurs gages pour le reste de la durée présumée du voyage, et des moyens de retour chez eux. Cette disposition paraît concilier ce que prescrivent en leur faveur l'humanité et la justice, avec les justes ménagemens dus aux intérêts des propriétaires de navires, qui ne peuvent en pareils cas se séparer de l'intérêt même de la navigation.

L'addition portée à l'article 109 du projet est susceptible de quelqu'examen.

Cet article suppose que le capitaine ait été obligé de vendre des marchandises pour subvenir aux besoins pressans du navire, et prescrit que, *si le navire se perd, le capitaine tiendra compte de ces marchandises sur le pied qu'il les aura vendues, en retenant le fret porté aux connaissemens.*

L'ordonnance n'avait rien statué, à cet égard, dans le cas de la perte du navire. Les commentateurs professaient une doctrine contradictoire : les uns considéraient les marchandises vendues ayant la perte et pour subvenir aux besoins du navire, comme le sujet forcé d'un contrat à la grosse, et en refusaient le paiement; les autres accordaient ce paiement, en les regardant comme sauvées, puisqu'on en avait disposé avant que le navire eût éprouvé aucun événement sinistre. Il a fallu se fixer sur ce point. Il a paru équitable de penser que les marchandises vendues pour subvenir aux besoins du navire, constituaient un titre de créance en faveur de leur propriétaire; que dés lors elles avaient cessé d'être en risque; que le capitaine et les propriétaires du navire, qui étaient chargés de pourvoir à ses besoins, avaient contracté une dette individuelle en appliquant ces marchandises à l'accomplissement de leur devoir personnel; qu'en pareille circonstance, un contrat à la grosse ne saurait, par sa spécialité, être présumé ni supposé; qu'il serait étrange de vouloir considérer comme perdues les marchandises vendues avant la perte du navire, tandis qu'elles auraient pu être sauvées dans la circonstance même du naufrage; qu'enfin, le propriétaire de ces marchandises vendues, si elles ne lui étaient pas payées par le capitaine, se trouverait dépouillé sans pouvoir exercer aucun recours contre ses assureurs, qui ne seraient pas tenus au remboursement, puisqu'il n'y aurait pas eu d'objet de risques à bord lors du naufrage.

Ces réflexions ont conduit à la disposition exprimée au second paragraphe de l'article 109.

En substituant dans les articles 117, 118 et 119, un dépôt en mains tierces, et le privilége du capitaine pour son fret sur les marchandises déposées, à la faculté d'arrêter et de saisir ces mêmes marchandises, que lui donnait l'ordonnance, nous avons adopté une mesure qui paraît mieux assortie aux formes conciliatrices du commerce.

Cette mesure conserve les intérêts du capitaine qui a le droit d'être payé de son fret, avant de livrer irrévocablement son gage; en même tems qu'elle pourvoit aussi à la sûreté du consignataire, qui, avant de payer le fret, a le droit à son tour de reconnaître l'état des marchandises qui doivent lui être délivrées.

Tels sont, Messieurs, les principaux changemens faits à l'ordonnance de 1681, dans les huit premiers titres de la loi que nous vous présentons.

Des modifications plus légères, des transpositions, des différences de simple rédaction se justifient par elles-mêmes, et leur utilité, quoique tout à fait secondaire, n'échappera pas à votre sagesse.

En adoptant ce projet, vous seconderez, Messieurs, les vues paternelles et les intentions bienfaisantes du héros qui se plaît à entrelacer à l'olivier de la paix les lauriers qu'il a cueillis, qui ne régénère toute la législation commerciale, et ne veut la liberté des mers que pour *la prospérité* de ses peuples et pour *celle du commerce*.

EXPOSÉ DES MOTIFS

Des Titres IX et X du Livre II du Code du Commerce, présentés au Corps Législatif

PAR M. CORVETTO, CONSEILLER D'ÉTAT,

Séance du mardi 8 septembre 1807.

MESSIEURS,

LES contrats à la grosse aventure et les assurances forment le sujet des titres IX et X du livre qui vous est présenté.

Ces contrats se ressemblent sous bien des rapports.

Dans l'un, dit un écrivain éclairé, *le donneur est chargé des risques maritimes, et dans l'autre, c'est l'assureur.*

Dans l'un, le change nautique est le prix du péril, et dans l'autre, la prime est le prix des risques maritimes.

Le taux de cette charge ou de cette prime est plus ou moins haut, suivant la durée et la nature des risques.

Cette analogie influe sur leur essence. Ils sont régis dans leurs effets par les mêmes principes : ils ne sauraient être ni l'un ni l'autre des moyens d'acquérir : ils ont pour base un risque réel : ils n'ont pour but que de relever le preneur de la restitution de la somme empruntée et d'indemniser l'assuré d'une perte intrinsèque et réelle, en cas d'accident malheureux : ils contribuent par là, quoique dans une proportion bien différente, à la prospérité du commerce maritime.

C'est en suivant ces principes que vous apprécierez, Messieurs, le projet qui concerne ces contrats. Ici encore, l'ordonnance de 1681 a éclairé nos travaux, et nous nous bornerons à vous indiquer avec soin les cas, extrêmement rares, dans lesquels il nous a paru nécessaire d'en suppléer ou d'en changer les dispositions.

Je vais parcourir rapidement une matière dont tant d'habiles jurisconsultes, tant de commerçans instruits ont développé les principes ; heureux, si en tâchant d'être court, je ne deviens pas obscur !

L'article 123 règle les formalités auxquelles les contrats à la grosse doivent être assujétis tant en France qu'à l'étranger : il était important de suppléer ici l'ordonnance.

Un contrat à la grosse emportant privilége, l'existence et l'époque de ce contrat doivent être constatées d'une manière à ne pas exposer les créanciers ordinaires à devenir les victimes d'une supposition collusoire ; l'enregistrement au greffe du Tribunal de commerce, en France, et l'intervention du magistrat, à l'étranger, nous ont paru remplir un objet si juste et si salutaire.

C'est encore un supplément à l'ordonnance, que l'article 124, qui rend tout acte de prêt à la grosse nécessaire pour la vogue de l'enregistrement. L'usage avait prévenu la disposition de la loi; l'intérêt du commerce demandait que cet usage fût adopté; c'était le vœu des écrivains les plus éclairés.

Mais il faut, à cet effet, que le billet à la grosse soit *à ordre*, sans cela, l'acquéreur ne serait qu'un simple cessionnaire; il serait passible de toutes les exceptions que l'on pourrait opposer à son cédant.

Ici une question assez importante s'est élevée. L'endossement produit une action en garantie. L'endosseur, qui cautionne le billet à la grosse, répondra-t-il du profit maritime? Son obligation est indéfinie : le profit maritime ne forme que l'accessoire de la somme prêtée; la garantie doit porter sur l'une et sur l'autre.

Nous n'avons point partagé cet avis.

Ce n'est pas que l'on puisse contester que l'endossement constitue un cautionnement, et qu'il donne lieu à une action en garantie; mais il s'agit de voir jusqu'à quel point cette garantie doit s'étendre; elle doit avoir pour limite la somme que l'on reçoit. Le prêteur à la grosse a endossé son billet; c'est-à-dire, il en a fait le transport pour une somme égale à celle qu'il a donnée lui-même, et qui se trouve exprimée par le texte du billet. Il est juste, il est dans l'ordre et dans la nature des choses, qu'il cautionne jusqu'à cette somme; mais pourquoi cautionnerait-il pour une somme plus forte ? Quel dédommagement recevrait-il pour cette nouvelle garantie ? Garant pour la somme qu'il reçoit, il le serait encore, sans motif, de 25 ou 30 pour 100 de profit maritime, qu'il ne reçoit pas : et l'équité et la justice semblent repousser cette idée.

Mais tout en adoptant cette opinion, nous avons pensé qu'il était convenable de laisser aux parties la liberté d'une convention contraire ; car il est bien à croire que l'endosseur, en courant un risque plus étendu, ne manquerait pas de stipuler en sa faveur une indemnité proportionnée à l'extension conventionnelle de sa garantie.

L'article 3 de l'ordonnance défendait de *prendre deniers à la grosse sur le corps et quille du navire, ou sur les marchandises de son chargement au delà de leur valeur, à peine d'être contraint, en cas de fraude, au montant des sommes entières, nonobstant la perte ou prise du vaisseau.*

La rédaction de cet article paraissait incomplète, parce qu'il n'y avait pas de raison pour que l'on n'appliquât pas la disposition relative à la perte ou prise du vaisseau au cas de la perte ou prise des marchandises. Elle paraissait équivoque, parce qu'on ne savait, que d'après l'opinion des commentateurs, *si les sommes entières* comprenaient ou ne comprenaient pas *les profits maritimes.* Elle n'était pas assez dans les intérêts du prêteur, parce que, en cas de fraude, on aurait pu penser qu'elle prononçait toujours la nullité du contrat.

Ces considérations nous ont amenés à une rédaction que nous avons cru plus exacte. L'article
127 du projet porte la nullité du contrat, *quel
que soit l'objet* sur lequel le prêt est affecté;
mais cette nullité ne doit être déclarée que sur
la demande du prêteur.

L'expression générique des objets sur lesquels
le prêt est affecté, comprend, suivant la diffé-
re ce des cas, la totalité, ou la partie du navire
ou des marchandises. Le contrat étant déclaré nul,
n'a pu produire aucun effet, ni par conséquent,
aucun profit maritime. L'option accordée au prêteur n'est qu'une suite naturelle des principes que
l'on doit appliquer à cette espèce, et une nouvelle garantie de ses véritables intérêts. En effet,
il s'agit de fraude. Ce n'est pas celui-là même qui
est en fraude qui pourrait l'alléguer; ce serait le
prêteur, à la charge de la prouver. Et si le prêteur préfère de ne point intenter cette action,
dont l'instruction pourrait être difficile et le résultat incertain, comment lui en contester la faculté? ce serait, dans la supposition contraire,
le condamner, sans exception, aux chances d'un
procès qui pourrait tourner à son préjudice; il se
trouverait quelquefois compromis ou ruiné par la
faveur apparente de la loi.

Il est bien vrai que le prêteur ne réclamant pas
la nullité d'un contrat fait en fraude, pourrait,
dans le cas de l'arrivée du navire ou des marchandises, exiger la somme prêtée et le profit maritime,
quoiqu'il n'eût point couru un risque proportionné; mais cette faveur lui est due d'un
côté, d'après ce que nous venons de dire; et cette

punition est due, de l'autre, à l'emprunteur qui est en fraude. Celui-ci gagne même à cette espèce de transaction : il rachéte, par ce paiement, la honte d'un procès, et le risque d'une condamnation criminelle.

Le développement que je viens de donner à l'article 127 m'impose le devoir de justifier les dispositions de l'article 129, qui rétablit la peine de nullité, sans aucun égard à la demande du prêteur, toutes les fois que le prêt est affecté sur quelqu'un des objets prohibés par la loi.

La différence des deux cas est sensible : l'emprunteur est le seul coupable dans les cas de l'art. 127. Ici le prêteur est son complice ; car ils connaissaient l'un et l'autre la disposition prohibitive de la loi.

Le prêteur, à la vérité, est le seul puni dans ce cas ; car il ne reçoit aucun intérêt de la somme prêtée ; et l'emprunteur en a joui, en attendant : mais aussi le plus sûr moyen de prévenir les prêts prohibés, est précisément de punir les prêteurs. On ne trouvera point à emprunter toutes les fois qu'il n'y aura qu'à perdre en prêtant.

L'art. 130 généralise la défense que l'ordonnance avait rendu partielle, de prêter à la grosse sur les loyers des gens de mer.

Qu'il me soit permis d'entrer ici dans quelques détails.

On conçoit, disaient les commentateurs de l'ordonnance, *de quelle dangereuse influence il serait de permettre aux matelots d'emprunter sur leurs*

*loyers, puisque le gain de leur loyer les attache
autant que la crainte de la mort à la conservation
du navire.* Et d'abord, n'y aurait-il pas peut-être
de l'inconséquence à affaiblir ce motif, en dimi-
nuant presque de la moitié, comme le permettait
l'ordonnance, l'intérêt du matelot à la conservation
du navire ?

Mais il faut consulter l'expérience; il faut remonter à des principes.

Les contrats à la grosse sont sans doute nécessaires; mais, en général, ils sont onéreux. Le profit
maritime que l'on y stipule est au-dessus, non
seulement de tout intérêt ordinaire, mais de toute
prime d'assurance; et quoique cet intérêt puisse
être juste, il n'en écrase pas moins le preneur,
toutes les fois que celui-ci n'a pas en vue une spé-
culation assez lucrative et assez grande pour lui
faire espérer un bénéfice extraordinaire. Or, il faut
avouer qu'un simple matelot ne se trouve guère
dans ce cas : et quand même ce cas se présenterait en
effet, quelle somme le matelot pourrait-il tirer d'un
emprunt à la grosse, qui n'aurait pour base que
quelque chose de moins que la moitié de ses minces
loyers ? Il essuierait tous les inconvéniens d'un
prêt onéreux, sans pouvoir jamais espérer d'en
atteindre les avantages.

Mais il y a plus : l'article 4 de l'ordonnance défend les emprunts à la grosse, *sur le fret à faire*;
et en consultant l'esprit général de ce bel ouvrage,
nous voyons que ses rédacteurs ont exigé partout
un risque réellement existant pour base d'un contrat
à la grosse ou d'une assurance. De là, la réduction

des contrats, ou même leur annullation en cas de fraude, toutes les fois que le risque est évalué au-dessus de sa réalité. De là, la défense de prêter sur des profits espérés. De là, l'obligation imposée à l'emprunteur et à l'assuré de prouver l'existence d'un risque proportionné à l'emprunt ou à l'assurance. Il s'en suit que tout prêt ou toute assurance qui n'auraient point pour objet un risque véritable, ne seraient dans le fond qu'une gageure. L'assureur et le prêteur pariraient que le bâtiment arriverait à bon port : l'assuré et le preneur pariraient le contraire. Par ce système, tout se trouverait renversé. Au lieu d'intéresser tout le monde à la navigation heureuse d'un navire, on établirait des intérêts contradictoires. L'assuré aurait tout à gagner à la perte du navire : en payant une faible prime, il exigerait le montant de l'assurance : le preneur à la grosse n'aurait, en cas de perte, pas même de prime à payer. Il est facile de sentir les inconvéniens d'un pareil système; et si l'on citait en sa faveur quelques exemples, nous n'hésiterions pas à répondre que ce ne sera certainement pas en France, et dans une matière de tant d'importance, que la Législation naturalisera la fureur du jeu et l'immoralité des paris.

Il n'y a qu'à faire l'application de ces principes à l'objet qui nous occupe. Le loyer du matelot dépend de l'arrivée du navire, de la durée du service : il n'est par conséquent qu'espéré; il n'existe pas, il n'a pas existé, il ne constitue pas un véritable risque au moment du contrat; il est même impossible de prévoir jusqu'à quel point il existera dans la suite.

Nulle différence dans ce cas entre *le frét à faire* par le navire, et le loyer à gagner par le matelot, et si l'ordonnance prescrivait elle-même que *le frét à faire* ne pourrait fournir le sujet d'un emprunt à la grosse, comment se refuser à la déduction exacte d'un principe reconnu, quand il s'agit de l'appliquer, à bien plus forte raison, aux loyers des gens, dont l'intérêt ne saurait être trop lié à la conservation du navire.

Une observation importante se présente encore sur l'article 142 du projet, et le dernier du titre qui concerne les contrats à la grosse.

S'il y a contrat à la grosse et assurance sur le même navire ou sur le même chargement, l'article 142 établit une concurrence entre le donneur à la grosse et l'assureur sur le produit des effets sauvés du naufrage : il accorde même quelque avantage à ce dernier ; pendant que l'ordonnance accordait au contraire un privilége au donneur à la grosse.

Il est à observer que le contrat à la grosse était, à l'époque de l'ordonnance, bien plus répandu et plus utile qu'il ne l'est de nos jours. Le systéme des assurances s'étant amélioré depuis cette époque, les rapports ont entièrement changé. Il serait actuellement impossible qu'un grand commerce subsistât sans assurances, et il serait impossible qu'il subsistât longtems avec les contrats à la grosse. La raison de la préférence accordée à cette dernière espéce de contrat, a donc cessé, et il a fallu rentrer, par une route presque opposée, dans ce même systéme d'équité que l'ordonnance avait établi sous des rapports différens.

Nous arrivons, Messieurs, au contrat d'assurance, et je touche presque à la fin des observations que je devais vous soumettre.

Il est agréable de reposer un instant l'attention fatiguée sur ce beau contrat, noble produit du génie, et premier garant du commerce maritime.

Les chances de la navigation entravaient ce commerce. Le systéme des assurances a paru ; il a consulté les saisons ; il a porté ses regards sur la mer ; il a interrogé ce terrible élément ; il en a jugé l'inconstance ; il en a pressenti les orages ; il a épié la politique ; il a reconnu les ports et les côtes des deux mondes ; il a tout soumis à des calculs savans, à des théories approximatives ; et il a dit au commerçant habile, au navigateur intrépide : certes, il y a des désastres sur lesquels l'humanité ne peut que gémir ; mais quant à votre fortune, allez, franchissez les mers, déployez votre activité et votre industrie : je me charge de vos risques. Alors, Messieurs, s'il est permis de le dire, les quatre parties du monde se sont rapprochées.

Tel est le contrat d'assurance. En traçant les dispositions qui le concernent, avec combien de plaisir nous nous sommes renfermés dans le beau systéme de l'ordonnance ! Elle forme presque, sous ce rapport, le droit commun des nations.

Peu de modifications nous ont paru nécessaires ; je n'en indiquerai que les plus importantes.

Nous avons exigé, dans l'article 145, l'indication du jour où le contrat d'assurance est souscrit :

nous avons même voulu qu'il y fût énoncé si la souscription a lieu *avant ou après midi* : ces dispositions sont nouvelles, elles n'en sont pas moins nécessaires.

Il est généralement senti combien il est utile de dater le contrat. Les assurances, qui, en couvrant tout le risque, se trouvent antérieures à d'autres, qu'on aurait fait sur le même risque dans la suite, annullent ces dernières. L'époque du contrat, le point fixe, l'heure même de cette époque serait d'ailleurs nécessaires à établir pour régler les cas où il pourrait y avoir présomption de la nouvelle de l'arrivée ou de la perte du navire au tems de l'assurance ; et en général, pour régler les droits de tous les créanciers qui pourraient avoir intérêt dans le bâtiment ou dans l'objet assuré.

Il faut convenir que ce raisonnement nous conduisait à imposer le devoir de l'indication de l'heure précise où le contrat serait souscrit. Mais ici, la stricte sévérité des principes a dû s'accommoder aux formes larges et faciles du Commerce. On ne saurait, dans la pratique, exiger sans beaucoup d'inconvéniens une précision plus grande que celle que nous avons demandée.

Nous avons dit, à l'article 145, que toutes les *valeurs estimables à prix d'argent* et sujètes aux risques de la navigation, peuvent former un sujet d'assurance.

Cette rédaction nous a paru répondre avec une plus grande exactitude à l'esprit des *articles* 9 et 10 de l'ordonnance, qui permettent d'assurer la liberté des hommes, et qui défendent de faire des assurances sur leur vie. La liberté est estimable à prix d'argent ; la vie de l'homme ne l'est pas. Cependant il y a une exception à ce second principe ; la vie des esclaves de la Guinée est estimable à prix d'argent, quoique ce soient des hommes ; car, l'application qu'on leur a fait de la jurisprudence romaine, n'est pas allée jusqu'à leur refuser cette qualité. L'ordonnance, en défendant en général l'assurance sur la vie des hommes, paraissait, ou supposer que les nègres ne l'étaient pas, ou prescrire l'assurance sur leur vie. La rédaction du projet écarte toute équivoque.

L'article 159 peut encore, Messieurs, fixer votre attention : *toute réticence*, y est-il dit, *toute fausse déclaration de la part de l'assuré, toute différence entre le contrat d'assurance et le connaissement, qui diminueraient l'opinion du risque, ou en changeraient le sujet, annulle l'assurance.*

L'assurance est nulle même dans le cas où la réticence, la fausse déclaration ou la différence n'aurait pas influé sur le dommage ou la perte de l'objet assuré.

Quoique cet article soit nouveau, il est moins une addition à l'ordonnance qu'un sommaire des principes qu'elle avait consacrés. L'expérience a prouvé, cependant, que cet article, par la disposition surtout de son second paragraphe, pouvait prévenir des discussions spécieuses, qui ont quelquefois retenti dans les tribunaux de commerce.

L'assureur a le droit de connaître toute l'étendue du risque, dont on lui propose de se charger : lui dissimuler quelque circonstance qui pourrait changer le sujet de ce risque, ou en diminuer l'opinion, ce serait lui faire supporter des chances dont il ne voulait peut-être se charger, ou dont il ne se chargerait qu'à des conditions différentes : ce serait en un mot le tromper.

Dès lors le consentement réciproque, qui seul peut animer un contrat, viendrait à manquer. Le consentement de l'assuré se porterait sur un objet, et celui de l'assureur sur un autre ; les deux volontés, marchant dans un sens divergent, ne se rencontreraient pas : et il n'y a cependant que la réunion de ces volontés, qui puisse constituer le contrat.

La seconde partie de la disposition découle nécessairement de ces principes.

Le contrat n'ayant pas existé, aucune conséquence, aucun effet n'en ont pu résulter. Dès lors il est indifférent, à l'égard de l'assureur, que le navire périsse, ou ne périsse pas ; ou qu'il périsse par une chance, sur laquelle la réticence ou la fausse déclaration n'auraient pas influé : l'assureur serait toujours autorisé à répondre, qu'il a assuré un *tel risque*, et que ce risque n'a pas existé.

C'est ici, Messieurs, que finissent les changemens ou les innovations importantes que nous avons portées à l'ordonnance : au reste, elle justifie assez notre projet, partout où il se trouve d'accord avec elle : ainsi les dispositions successives du projet ne pourraient présenter que le sujet d'une discussion stérile, et inutilement prolongée.

Nous espérons, Messieurs, que vous jugerez digne de vos suffrages cette importante partie du Code maritime.

EXPOSÉ DES MOTIFS

Des Titres XI, XII, XIII *et* XIV *du Livre* II *du Code du Commerce, présentés au Corps Législatif*

Par M. MARET, Conseiller d'État,

Séance du mardi 8 septembre 1807.

MESSIEURS,

Nous présentons à votre sanction les derniers titres du Livre II du Code du commerce, *des Transactions maritimes.* Ces titres traitent des Avaries, du Jet et de la Contribution, des Prescriptions, des Fins de non recevoir.

Vous y reconnaîtrez l'esprit, et le plus souvent les termes de l'ordonnance de 1681. Elle est devenue la législation maritime de l'Europe; elle n'a dû éprouver, dans la loi que nous vous présentons, que de légers changemens et quelques additions réclamés par l'expérience. C'est donc en quelque sorte plutôt une nouvelle rédaction de l'ordonnance de 1681, qu'une loi nouvelle.

Nous commençons par définir l'avarie en général; nous distinguons ensuite et nous classons les diverses sortes d'avaries; nous appliquons à chaque espèce la disposition qui lui est propre; nous posons enfin les exceptions, et nous établissons les fins de non recevoir.

Cet ordre, indiqué par l'analyse des idées, nous a paru devoir remplacer avec avantage celui de l'ordonnance, où les articles 1 et 2 sont des définitions, où l'article 3 dispose, où les articles 4, 5 et 6 contiennent des définitions, ce qui rend l'ordre du titre VII pénible et embarrassant.

Ainsi que nous vous l'avons déjà dit, quelques changemens et quelques additions nous ont paru devoir être faits à l'ordonnance.

Cette disposition de l'article 6 : *Les frais de la décharge pour entrer dans un havre ou dans une rivière, sous avaries grosses ou communes*, nous a paru nécessiter une addition. Nous avons examiné s'il y avait avarie *grosse* ou *commune* dans tous les cas, et dans celui de la crainte d'un naufrage ou de prise, et dans celui où le navire, arrivé dans la rade du port de sa destination, ne peut entrer dans un havre, dans un port, dans une rivière, sans décharger, suivant l'usage, des marchandises dans des alléges. Nous sommes aussi convaincus que l'ordonnance laissait une incertitude qu'il fallait faire disparaître; et la loi dit que *ces frais* sont avaries communes, seulement quand le navire est contraint à entrer par tempête ou par la poursuite de l'ennemi. La raison en est que, dans ce cas, il s'agit du salut commun du navire et des marchandises qu'il porte; tandis que, dans l'autre, les frais ne regardent que ceux auxquels appartiennent les marchandises chargées dans les alléges.

L'article 8 de l'ordonnance porte : *les lamanages, touages, pilotages, pour entrer dans les havres*

ou rivières, ou pour en sortir, sont menues ava-
ries. La loi a dû dire, *les lamanages, rouages et*
pilotages, etc., ne sont point *avaries, mais ils sont*
de simples frais à la charge du navire (art. 217).

Les motifs sont, qu'il est évident, par la nature
des choses, qu'il ne s'agit que des frais de navigation qu'on a pu prévoir et calculer à l'avance,
et qui, par conséquent, ne sont point des *avaries ;*
que s'il est question de frais extraordinaires, ils
sont prévus au n° 7 de l'article 211 ; que s'il s'agit
de dépenses ordinaires, il est plus simple de les
faire entrer dans le montant du fret ; car c'est là
qu'est leur place ; au surplus, en disposant ainsi,
la loi ne fait que confirmer ce qui s'est établi par
l'usage ; et en effet, jamais on ne dresse des
comptes d'avaries pour de pareils articles ; mais
par le connaissement, on convient d'une somme
fixe avec le capitaine.

Nous passons à l'article 218 de la loi, qui in-
dique par qui le dommage est payé en cas d'a-
bordage. L'ordonnance avait statué sur deux cas
(articles 10 et 11) : l'un, quand l'abordage a été
fait par la faute de l'un des capitaines ; l'autre,
quand il y a doute sur les causes de l'abordage. Il
en est un troisième, quand l'abordage est un effet
du hasard qu'on ne peut imputer ni à l'intention ;
ni à la maladresse, ni à la négligence de personne,
alors c'est un événement dont quelqu'un peut
souffrir, mais dont nul ne doit répondre. La loi
ajoute en conséquence aux dispositions de l'ordonnance : en cas d'abordage de navires, si l'événement a été purement fortuit, le dommage est

supporté, sans répétition, par celui des navires qui l'a éprouvé.

Après avoir défini l'avarie en général, après avoir classé les différentes sortes d'avaries, après avoir appliqué à chaque espèce la disposition qui lui est propre, après avoir posé les exceptions, nous sommes arrivés à cette question : une demande pour avarie sera-t-elle toujours recevable ? Nous avons considéré que la demande ne devait point être admise, quand, pour jouir de son effet, il faudrait dépenser en frais autant ou plus que le dommage qu'on obtiendrait, parce qu'alors il n'y avait d'intérêt pour personne, soit à demander, soit à défendre. Cependant nous n'établissons ce principe que dans les cas où le silence des parties n'aurait pas fait connaître leurs volontés.

Tels sont les motifs qui ont déterminé quelques changemens et additions au titre des avaries de l'ordonnance. La loi n'en présente aucun d'essentiel au titre du jet et de la contribution, et à celui des fins de non recevoir. A l'égard de celui des prescriptions, nous y avons distingué l'action en délaissement de celle dérivant d'un contrat à la grosse, ou d'une police d'assurance.

L'action en délaissement est prescrite dans le terme de six mois, à partir du jour de la réception de la nouvelle de la perte, suivant l'article 184, dont l'un des orateurs qui nous a précédé à cette tribune vous a fait connaître les motifs.

En ce qui concerne l'action dérivant d'un contrat à la grosse et d'une police d'assurance, elle est prescrite après cinq ans, à compter de la date du contrat. Le commerce réclamait ce changement à l'article 48 de l'ordonnance, dont l'exécution a été accompagnée d'un grand nombre de procès, parce qu'il établissait une grande diversité de prescriptions.

Mais si des prescriptions doivent être établies contre les négocians qui négligent d'user de leurs droits, il était aussi de la justice de dire qu'elles ne pourront avoir lieu quand il y aura en cédule, obligation, arrêté de compte ou interpellation judiciaire, et c'est ce que veut l'article 245 de la loi.

Messieurs, le livre dont nous venons de vous faire connaître les dispositions, complète le Code du Commerce. — Comme les ordonnances de Louis XIV qu'il va remplacer, c'est environné des trophées de la victoire qu'il prend sa place parmi les lois, qu'il vient régler les transactions commerciales d'un peuple dont les rapports de tout genre se trouvent étendus par les armes, par les négociations politiques, et plus encore par cette influence qu'un grand homme exerce sur les nations voisines de son Empire, surtout quand les unes l'ont voulu pour législateur, quand les autres l'ont proclamé leur Protecteur.

Par suite de cette augmentation de rapports commerciaux entre le peuple français et les autres peuples de l'Europe, l'action du Code ne sera pas renfermée dant les limites de la France; il peut même devenir une loi commune aux peuples que leur intérêt place dans notre système de fédération et d'alliance. Notre Auguste EMPEREUR l'avait ainsi prévu, quand il a demandé que les dispositions du Code de Commerce fussent, le plus possible, en harmonie avec les autres législation commerciale de l'Europe ; quand il a demandé qu'on interrogeât tous les intérêts ; quand, après avoir confié une première rédaction du Code à des hommes habiles, il l'a fait discuter dans les cours de cassation et d'appel, dans les tribunaux, dans les chambres et dans les conseils de commerce. Nous devons le dire, cette discussion a été honorable pour ceux qui y ont pris part; ils ont été dirigés par le seul sentiment d'améliorer un travail déjà très-recommandable en lui-même.

Les résultats de cette discussion lumineuse formaient une collection immense ; recueillie par les Ministres de la justice et de l'intérieur, il fallait analyser toutes les observations qu'elle contenait ; il fallait les comparer ; il fallait profiter de ce faisceau de lumière pour faire à la première rédaction du Code tous les changemens que réclamaient les besoins du commerce et l'intérêt national. La commission instituée en l'an 9, ayant rempli sa tâche, se regardait comme dissoute; trois des membres de cette commission, MM. Gorneau, Legras et Vital-Roux, jurisconsultes et négocians éclairés, pleins de zéle, mais surtout forts de leur dévoûment à l'Empereur, sollicitant, des Ministres de Sa Majesté, la permission d'entreprendre, à leurs frais, la révision du Code; ces Ministres les y autorisent ; ils font plus, ils les y encouragent. Bientôt, ils se livrent avec ardeur à ce nouveau travail ; ils accroissent leurs lumières de celles de MM. Vignont et Boursier, de celles qu'ils trouvent dans les auteurs français , dans la législation des autres peuples de l'Europe ; ils s'établissent juges impartiaux d'un ouvrage auquel ils avaient pris tant de part ; ils mettent ainsi Sa Majesté à même d'ordonner , en l'an XI , l'impression du Code du Commerce revisé , lequel a servi de base aux méditations du Ministre de l'intérieur , aux discussions du Conseil d'Etat.

Si le sentiment de la reconnaissance nous a déterminés à vous désigner ceux qui nous ont plus particulièrement aidés à répondre au vœu de Sa Majesté et du Commerce , qu'il nous soit permis d'exprimer le même sentiment à ceux d'entre vous , Messieurs , qui ont éclairé de leurs lumières les cours , les tribunaux et la chambre de commerce dont ils sont membres.

C'est cette réunion de lumières qui a produit le Code du Commerce ; il n'est l'ouvrage de personne en particulier : c'est une sorte de monument national élevé par le concours de tous les hommes éclairés de l'Empire.

EXPOSÉ DES MOTIFS

Du Livre III *du Code du Commerce, présenté au Corps Législatif par* M. Ségur, *pour une portion, et* M. Treilhard, *pour l'autre portion.*

Séance du jeudi 3 septembre 1807.

MOTIFS DE M. SÉGUR.

Messieurs,

L'Empereur a rétabli et porté au plus haut degré la réputation de nos armes ; il a fait renaître la justice dans nos lois, l'ordre dans notre administration ; il veut plus encore, il veut ressusciter la morale publique, parce qu'il sait que sans elle les nations qui jettent le plus d'éclat n'ont point de grandeur réelle, de puissance solide, de prospérité durable : nous avons assez de gloire, il nous faut des mœurs.

C'est dans cette vue qu'il nous charge de vous présenter une loi sévère : son titre suffit pour vous faire connaître son importance ; c'est une loi sur les faillites et les banqueroutes.

Malheureusement, cette loi répressive est devenue

un besoin public; l'indignation générale l'appelle,
le vœu universel l'attend, tout ce que la France
renferme de négocians honnêtes la réclament, et
peut-être, pour la première fois, ou serait tenté de
croire que la vigilance infatigable de notre souverain, qui, jusqu'à présent, a prévenu tous les vœux
du peuple français, n'a fait aujourd'hui qu'y
répondre.

Mais vous le savez comme nous, Messieurs,
celui qu'on n'oubliera jamais et qui jamais n'a rien
oublié, s'est occupé sans relâche depuis plusieurs
années, de cette partie importante de la législation.

Un projet de Code du Commerce, rédigé en l'an 9,
par des hommes habiles, contenait déjà des re-
mèdes salutaires pour les maux dont on se plaignai',
et semblait offrir un frein suffisant pour arrêter
le scandale public de ces banqueroutes audacieuses
et répétées, qui laissaient tant de coupables sans
honte et tant de victimes sans ressources et sans
vengeance ; cependant la voix publique y demandait plus de sévérité.

Mais personne ne sait mieux que Sa Majesté,
combien il faut de rapidité pour faire de grandes
conquêtes et de lenteur pour faire de bonnes lois :
plus les maux sont grands, plus il faut que le législateur se méfie de l'indignation qu'ils lui inspirent.
Un acte d'administration peut être rigoureux sans
danger; cet acte n'est que pour un tems : la loi
est pour toujours; elle doit s'appliquer non à une
circonstance, mais à toutes, non à une capitale où
le luxe relâche la morale, mais à l'étendue des

provinces d'un immense Empire, où les bonnes
mœurs sont encore respectées ; cette loi doit en-
courager la probité, secourir le malheur, corriger
l'inconduite et punir le crime; elle doit être in-
dulgente pour les uns, inexorable pour les autres,
juste pour tous.

Pour mieux connaître la vérité, l'Empereur a
voulu nous environner de lumières : le projet de
Code a été envoyé à toutes les Chambres, à tous
les Tribunaux de Commerce, à toutes les Cours, à
tous les Tribunaux de France ; leurs observations sur
ce projet ont été imprimées. Le Code a été modifié
par les premiers rédacteurs, d'après ces observations, et depuis plusieurs années, le Conseil d'État
s'est occupé, pour obéir aux ordres de Sa Majesté,
à comparer ensemble ce projet de Code et ces observations avec les anciennes ordonnances et les
lois des nations les plus commerçantes de l'Europe.

Nous vous offrons aujourd'hui le résultat de ce
travail, avec d'autant plus de confiance, qu'il est le
fruit de longues discussions éclairées par l'expérience de tout ce que notre pays renferme de négocians honnêtes et d'habiles magistrats.

Chargé particulièrement de vous présenter le
troisième livre de ce Code, qui traite *des faillites
et des banqueroutes*, je vais, le plus rapidement
qu'il me sera possible, vous en développer le système, et vous rendre compte des motifs qui nous
l'ont fait adopter.

Pour remédier aux désordres qui depuis quelques années ont si scandaleusement flétri le commerce en France, il fallait d'abord en reconnaître les

véritables causes. Il en existe deux principales. La première, c'est la révolution, qui, par son mouvement violent, bouleversant les hommes, les fortunes, les classes, offrant aux espérances comme aux craintes les plus déréglées des chances sans bornes et des abîmes sans fonds, mettant à la place de l'argent un papier dont le cours forcé et la chute rapide ne laissait à rien de valeur fixe, et de crédit réel à personne, a ouvert un champ libre aux calculs de l'avidité et aux spéculations de la mauvaise foi.

Les faillites, loin d'être un sujet de honte, étaient devenues un moyen de fortune, dont on prenait à peine le soin de déguiser la source; et si ces nombreuses banqueroutes n'étaient pas toujours l'ouvrage de la fraude, elles étaient au moins celui de l'ignorance, parce que tout le monde voulait faire le commerce, sans rien savoir de ce qu'exige cette profession.

Le remède au mal que je viens de décrire est dans le tems; déjà l'on en ressent les heureux effets: le retour de la tranquillité publique, la sage fermeté du Gouvernement, la disparition du papier, le rétablissement du crédit, remettent peu à peu les choses dans leur cours ordinaire, et les hommes dans leur ordre naturel; le honteux agiotage disparaît; les professions se classent; les liens se resserrent, et l'honneur national achèvera bientôt de dissiper tout ce qui peut rester encore de cette déplorable anarchie.

Ainsi, Messieurs, cette première cause des désordres de notre commerce, n'a dû influer que faiblement sur le travail dont nous étions chargés,

puisqu'elle cesse, pour ainsi dire, d'elle-même
d'agir.

La seconde cause plus durable du fléau des
banqueroutes, vient de l'imperfection des lois.

Nous ne prétendons pas ici atténuer la juste es-
t'me due aux ordonnances de Louis XIV, et aux
travaux immortels de Colbert ; l'ordonnance de
1673 était une loi sage et suffisante pour le tems
où elle a été rendue : on commençait alors, en
France, à s'occuper du commerce; il était, pour
ainsi dire, à son berceau : tout ce qui vient de
naître veut des règles simples. Une très-faible partie de la population française se livrait au commerce;
les mœurs des négocians étaient pures; la marche
des affaires était lente; le cours des spéculations
borné. Depuis cette époque, le commerce, par des
progrès rapides, a changé les mœurs des hommes et
les destins des États, et transportant le sceptre de
la domination là où il établissait la puissance du
crédit, il est devenu un des plus grands objets
de l'étude des législateurs et l'ambition des
peuples.

Cette étendue, cette importance, cette activité
du commerce exigent à présent une législation
plus prévoyante et qui offre plus de garantie : la
réflexion suffit pour le faire sentir, et une triste
expérience l'a démontré.

Nos anciennes lois s'étaient bornées à prescrire
au débiteur failli des formes dont l'inexécution
était sans danger pour lui; la contrainte par corps
était la seule garantie des créanciers.

Les transactions se faisaient sans aucune surveillance de l'autorité publique; elle ne se montrait que pour sanctionner des traités surpris par la mauvaise foi, ou arrachés au découragement.

La faillite, qui n'était regardée que comme un malheur tant que la fraude n'était pas prouvée, laissait le failli indépendant pour l'administration de ses biens.

L'insouciance des créanciers qui étaient sans guide et sans appui, les plaçait forcément dans la dépendance du débiteur.

Les syndics choisis dans les premiers momens de la faillite, quelquefois par des créanciers supposés, souvent par des amis ou parens du failli, presque toujours par un petit nombre de créanciers présens qu'on désintéressait aux dépens des absens, déguisaient les malversations du failli, la vraie situation de la faillite, et forçaient les créanciers découragés à des traités désastreux, dont l'effet était d'ôter au banqueroutier la honte, à ses victimes les trois quarts de leur propriété, et de laisser au débiteur les moyens d'afficher un luxe insultant.

Si le traité n'avait pas lieu par la résistance de quelques créanciers indignés, l'union se formait; mais les liquidations étaient livrées à des hommes qui trouvaient leur intérêt à les éterniser : aucune autorité ne les surveillait, et les créanciers, fatigués par des lenteurs interminables, finissaient par renoncer à un espoir qu'aucune répartition ne soutenait.

Je ne parlerai pas des droits divers et souvent

opposés des créanciers, de ceux des femmes qui, après avoir favorisé le luxe et le désordre de leurs maris, plaçaient sous leur nom, à l'abri de toutes poursuites, les dépouilles qu'ils avaient enlevées à leurs victimes : un orateur plus savant et plus éloquent que moi s'est chargé de vous exposer les lacunes de nos lois sur cette matière, et les moyens que nous avons cru devoir prendre pour remédier à ces abus.

L'ordre public n'était pas plus garanti que la propriété particulière. La loi ne connaissait que le malheur ou la friponnerie ; elle présumait le malheur, il fallait prouver la fraude : le créancier en était chargé à ses frais ; il était naturel qu'il s'occupât plus de sa propriété que de sa vengeance ; aussi, malgré la sévérité de la loi contre les banqueroutes frauduleuses, rien n'a été plus rare que son application, et certes, rien n'était plus encourageant que cette impunité.

Après avoir exposé, Messieurs, le tableau fidèle des abus qui existent, tableau dont nous ne croyons pas qu'on puisse contester la vérité, je dois vous expliquer le système de la loi nouvelle que nous proposons, afin de vous mettre à portée de juger si, comme nous osons nous en flatter, elle offre un remède suffisant à ces désordres, une protection assez vigilante aux créanciers, un frein assez redoutable pour l'inconduite et la fraude, et une garantie assez solide pour l'ordre public.

Le législateur, en s'occupant d'une loi si grave, se trouve d'abord placé entre deux écueils qu'il doit également éviter ; celui d'être trop sévère pour le malheur, ou trop indulgent pour la mauvaise foi : aussi, la première question qui nous a occupés, et celle dont la solution sert de base à tout le système de la loi, est celle-ci :

Un négociant qui manque à ses engagemens, et qui fait faillite, doit-il être, par sa faillite, présumé frauduleux, ou considéré comme malheureux, jusqu'au moment où l'examen de tous ses livres et de toutes les créances aura fait reconnaître la vérité ?

Nous vous avons démontré tous les abus nés de l'ancienne loi, qui, ne regardant le failli que comme malheureux, le laissait dans l'indépendance, lui conservait presque l'impunité, et forçait presque toujours les créanciers à signer à son gré son absolution et leur ruine.

D'un autre côté, il aurait paru bien rigoureux de considérer toute faillite comme un crime, et de traîner devant les tribunaux criminels tout négociant que le malheur du tems ou la force des circonstances auraient mis dans l'impossibilité de remplir ses engagemens.

Très-souvent la faillite est un naufrage dont on ne peut accuser que le sort : le commerce a ses orages comme l'Océan ; les événemens du monde, les mouvemens de la politique, la guerre, la paix, la disette, l'abondance même apportent des changemens imprévus, donnent des commotions subites au commerce, et trompent ses combinaisons les plus sages ; souvent, enfin, un négociant, trompé par sa confiance, et accablé à la fois par plusieurs banqueroutes qu'il éprouve, est contraint lui-même de manquer à des engagemens qu'il se croyait certain de pouvoir tenir.

Ces considérations justes et puissantes, Messieurs, doivent fixer fortement l'attention du législateur, et l'éloigner également, et d'une sévérité trop inflexible, et d'une indulgence trop dangereuse.

On a donc cru qu'il fallait considérer tout failli, non comme un coupable, non comme un homme innocent, mais comme un débiteur dont la conduite exigeait un examen rigoureux, et une solide garantie.

Il existe un délit, puisqu'il y a eu violation d'engagemens et de propriétés. Celui qui a commis ce délit peut y avoir été conduit par le malheur, par l'inconduite ou par la mauvaise foi.

Si c'est par le malheur, il doit être protégé; si c'est par inconduite, il doit subir une correction; si c'est par fraude, il doit être livré à toute la sévérité de la justice criminelle.

Le malheur doit être démontré par le failli; l'inconduite, prouvée par les créanciers ou la partie publique; la fraude, poursuivie par l'autorité.

Dans tous les cas, le failli ne doit plus disposer de l'administration de ses biens; ils sont le gage et la propriété de ses créanciers; il ne doit même avoir la liberté de sa personne que lorsque l'examen de sa conduite offre la présomption de son innocence.

Tant que ses créanciers sont inconnus, ne sont

pas vérifiés; tant que les créanciers absens n'ont pas été mis à portée de faire valoir leurs droits, l'administration de ses biens, l'examen de ses papiers, la conduite de ses affaires, doivent être confiés à des mains désintéressées, nommées par le tribunal de commerce, et surveillées par un juge de ce tribunal. Les créanciers, dès qu'ils sont connus, doivent intervenir dans le choix des hommes chargés de leurs intérêts : on leur donne connaissance de toute la marche, de tous les détails de l'administration de la faillite; le commissaire accélère leur réunion, leur vérification ; aucun traité ne peut être conclu entr'eux et le débiteur, qu'à la majorité des voix, combiné avec une majorité en sommes égales aux trois quarts de leurs créances.

S'il n'y a pas de concordat, les créanciers, tous réunis, tous vérifiés, éclairés par les comptes que leur rend une administration impartiale, nomment des syndics, qui, sous la surveillance du commissaire et l'autorité du tribunal, font une liquidation prompte et des répartitions égales.

Pendant toute la marche de ces opérations, le commissaire, les agens, les syndics, sont tenus de faire connaître au magistrat de sûreté toutes les circonstances de la faillite ; il peut, par lui-même, prendre les renseignemens nécessaires, et dès qu'il lui apparaît quelqu'indice ou d'inconduite ou de fraude, il doit appeler le failli devant le tribunal correctionnel, ou le traduire devant le tribunal criminel.

Tel est, Messieurs, l'esprit général du système de la loi que Sa Majesté nous ordonne de vous présenter; nous croyons que ses utiles résultats seront:

Premièrement, d'offrir aux créanciers une garantie solide, une protection active et surveillante; une certitude ou de terminer leurs affaires par un juste concordat, ou d'obtenir une prompte liquidation.

Deuxièmement, de réprimer le luxe scandaleux et l'imprudence des spéculations hazardées par la crainte du nom de banqueroutier et des peines correctionnelles appliquées à la banqueroute d'inconduite.

Troisièmement, d'assurer le châtiment de la mauvaise foi, et de l'effrayer par d'utiles exemples.

Quatrièmement, enfin, d'offrir à tout négociant honnête et malheureux les moyens de se tirer de la position incertaine et cruelle où l'ancienne législation le laissait, et de conserver au moins son honneur en perdant sa fortune; car la rigueur même de la loi offre une garantie certaine pour la probité, et tout négociant que des circonstances forcées auront réduit à la nécessité de ne pas remplir ses engagemens, ne sera plus confondu avec l'imprudent qui a joué l'argent de ses créanciers, ou le fripon qui l'a volé. Le négociant probe, mais infortuné, après avoir subi toutes les rigueurs des formes dont je viens d'indiquer l'ensemble, et après avoir vu ses livres, ses créances, ses papiers, sa conduite, soumis à une surveillance si active, si impartiale, si rigide; sa liquidation opérée sans que les agens, les syndics, les commissaires, les créanciers, la partie publique aient pu trouver la moindre cause de le conduire devant les tribunaux, pourra exiger hautement l'estime et la pitié; il pourra même conserver l'espoir, en complétant ses paiemens, si quelques circonstances lui en offrent les moyens, d'obtenir une réhabilitation d'autant plus honorable que nous avons cherché à la rendre plus difficile.

Je viens, Messieurs, de vous faire connaître l'esprit du système de la loi nouvelle; je vais à présent en suivre la marche, et vous exposer sommairement les motifs des principales dispositions qu'elle renferme.

Je ne vous parlerai pas des dispositions générales qui sont placées à la tête de la loi; l'exposé que je viens de faire du système qui les a dictées, vous a, je l'espère, suffisamment expliqué la distinction que nous croyons nécessaire d'établir entre la faillite, la banqueroute et la banqueroute frauduleuse.

Le chapitre premier contient les dispositions que les rédacteurs du projet de Code et les Chambres et Tribunaux de Commerce avaient jugé convenable d'ajouter aux dispositions de l'ordonnance de 1673, pour fixer avec plus de précision l'ouverture de la faillite, et pour empêcher l'existence de tous les actes frauduleux que le négociant qui prévoit sa faillite pourrait être tenté de faire dans les dix jours qui la précédent.

L'article 6 de ce chapitre fixera particuliérement votre attention; il déclare que le failli, à dater du jour de sa faillite, est dessaisi de plein droit de l'administration de tous ses biens; cette disposition seule, Messieurs, suffirait déjà pour mettre un frein au scandale qui vous a le plus frappés dans les faillites, et pour offrir aux créanciers une juste espérance de ne plus voir disparaître ce que le malheur ou l'inconduite ont pû leur laisser.

Dans le chapitre second, vous remarquerez le soin avec lequel la loi veille à la promptitude de l'apposition des scélés, précaution salutaire et sans laquelle le sort des créanciers seroit si facilement compromis.

Après avoir dessaisi le failli de l'administration de ses biens, et apposé le scellé sur ses effets et ses papiers, il fallait, premièrement, s'assurer de la personne du débiteur jusqu'au moment où l'on aura reconnu s'il est innocent, imprudent ou coupable; deuxièmement, organiser l'administration de ses biens, qui ne sont, pour ainsi dire, déjà plus sa propriété, et qui doivent servir de gage à des créanciers que l'on ne connaît pas encore. Autrefois, les premiers venus, se disant créanciers, nommaient des syndics, et je crois vous avoir prouvé combien cette première imprudence avait été favorable à la mauvaise foi, et funeste pour ses victimes.

Nous avons pensé que cette administration temporaire devait être confiée à des hommes désintéressés, à des agens nommés par le tribunal du commerce, et quoiqu'il parût difficile de prendre un parti plus sage, et qui offrît plus de garantie à l'ordre public et à l'intérêt privé, on a cru devoir placer ces agens sous la surveillance immédiate d'un commissaire choisi parmi les juges du tribunal de commerce. Le besoin d'une telle surveillance

était si généralement senti, que lorsque les rédacteurs du projet de Code proposèrent d'établir pour
les faillites un commissaire du gouvernement près
des tribunaux de commerce; la majorité des chambres de Commerce approuva cet établissement, dont
les inconvéniens étaient cependant palpables. L'influence d'un tel magistrat sur des tribunaux de négocians, dénaturaient leur institution; et d'ailleurs,
nous croyons superflu de démontrer combien il
pourrait y avoir de danger à donner constamment
aux mêmes hommes des fonctions si délicates, dans
lesquelles on se trouve sans cesse exposé aux
piéges de la séduction et à la méfiance du malheur.

La durée de l'administration des agens est fixée
à quinze jours, et ne peut se prolonger plus d'un
mois. Ce terme nous a paru suffisant pour connaître un grand nombre de créanciers légitimes;
et dès qu'ils sont connus, il est juste de les appeler
à l'examen et à l'administration de leurs affaires.

L'objet du chapitre IV est de régler les fonctions
des agens, et la conduite qu'ils doivent tenir à
l'égard du failli; presque toutes ces dispositions
tendent à assurer le prompt examen des livres et
des effets du failli, à reconnaître si le débiteur
peut être mis provisoirement en liberté, et appelé
pour donner les éclaircissemens nécessaires sur sa
situation : les agens peuvent recevoir les sommes
dues, et vendre les denrées sujétes à un dépéris-
sement prochain. On a pris toutes les précautions
nécessaires pour la sûreté des sommes perçues, et
pour borner les attributions de cette administra-

tion provisoire aux mesures d'une urgente nécessité.

Le bilan est l'objet que traite le chapitre V. Les
anciennes lois et les usages avaient tout prévu à
cet égard; nous n'y avons ajouté que le droit donné
au juge commissaire d'interroger tous les individus
qui pourraient lui donner des renseignemens utiles
pour la formation ou rectification du bilan.

Le chapitre VI est relatif à la nomination des
syndics provisoires ; lorsque les créanciers connus
se sont réunis en certain nombre, ils proposent une
liste triple du nombre des syndics provisoires qu'ils
jugent devoir être nommés : sur cette liste, le tribunal fait sa nomination. On a cru que cette disposition était la seule qui pût concilier le droit
et l'intérêt des créanciers avec la certitude d'un bon
choix. Après la nomination des syndics provisoires , les agens cessent leurs fonctions , et ces
agens ne reçoivent d'indemnités que s'ils ne sont
pas créanciers; c'est presque donner la certitude
que les agens seront toujours pris par le tribunal
parmi les créanciers , hors les cas très-rares où le
tribunal aurait eu de justes motifs de suspecter les
titres des premiers créanciers qui se seraient fait
connaître au moment de la faillite.

Nous insistons sur ce point, car l'apparente com-
plication qu'offre le système qui crée des agens,
des syndics provisoires et des syndics définitifs,
doit disparaître dans l'exécution de la loi, et il est
plus que probable que les choix faits par le tribunal inspireront une juste confiance aux créanciers, et que presque toujours les mêmes hommes

dans une faillite, qui auront été agens, seront confirmés comme syndics provisoires, et deviendront, s'il y a lieu, syndics définitifs.

Les syndics provisoires doivent procéder diligemment à la levée des scellés et à l'inventaire ; ces opérations sont l'objet du chapitre VII ; c'est là qu'on a cru devoir placer la disposition importante qui oblige les agens, les syndics à mettre sous les yeux du magistrat de sûreté tous les renseignemens qui peuvent lui faire connaître les circonstances de la faillite, et cette mesure sévère sera l'effroi du crime et la sauve garde de l'innocence.

Vous remarquerez encore, Messieurs, dans ce chapitre, la disposition qui ordonne de verser à la caisse d'amortissement tous les fonds perçus par les agens et syndics ; vous penserez, sans doute, comme nous, qu'on peut être assuré de la promptitude des liquidations, lorsque personne ne pourra plus avoir d'intérêt à en prolonger le durée.

La vérification des créances est soumise à des formes consacrées par l'approbation de toutes les chambres de commerce ; et la surveillance du commissaire que nous y avons ajouté doit donner, sur cet objet important, une complette sécurité : les enquêtes autorisées, l'apport des registres, ordonné dans certains cas, doivent rassurer tout créancier légitime, et dissiper toute crainte d'erreur ou de fraude à cet égard. Les créanciers étant tous reconnus et vérifiés, s'assembleront, et recevront les comptes des syndics provisoires ; ils pourront faire, avec leur débiteur, un traité, mais ce

traité ne peut s'établir que par le concours d'un
nombre de créanciers formant la majorité , et re-
présentant en outre , par leurs titres , les trois quarts
de la totalité des sommes dues. C'est par ce moyen ,
Messieurs , que nous avons cru mettre une digue à
ces traités désastreux , que la collusion d'un petit
nombre de gros créanciers surprenait à la majorité,
lorsqu'on ne considérait que la force des créances,
ou à ces traités tout aussi désavantageux qu'une
majorité en nombre de petits créanciers pressés par
le besoin , pouvait faire contre le vœu et l'intérêt
des créanciers auxquels il était dû des sommes con-
sidérables : nous croyons , par cette mesure , avoir
rempli ce que veut la justice et ce que l'ordre exige.
Ce traité ne peut être valable qu'après avoir été
homologué , et jamais l'homologation n'aura lieu
lorsque le failli se trouvera prévenu d'inconduite
ou de fraude.

Si le traité n'a pas lieu, les créanciers formeront
un contrat d'union , et nommeront des syndics définitifs , chargés , sous la surveillance du commissaire et l'autorité du tribunal , de rectifier le bilan
s'il y a lieu , d'administrer la faillite , de percevoir,
de vendre et de procéder à la liquidation de la
masse , selon l'ordre des diverses espèces de
créances.

C'est ici que, nous reposant du devoir d'exposer
les motifs d'une loi sévère , nous pouvons , après
tant de mesures dictées par une sage défiance et
par une rigueur nécessaire , vous parler de celle
que le malheur inspire à l'humanité.

Dans ce chapitre, vous trouverez des dispositions

qui règlent les secours que la masse doit donner au failli, avec lequel elle n'a point traité : ces secours seront proportionnés à ses besoins, à son état, surtout à sa conduite, et au plus ou moins de perte qu'il fera supporter à ses créanciers. Vos sentimens sont trop conformes aux nôtres pour craindre que vous n'approuviez pas une mesure de bienfaisance, lorsqu'elle est réglée par la justice.

M. Treilhard, mon collègue, vous développera les motifs des dispositions contenues dans les chapitres IX, X et XI, relatifs aux différentes natures de créances.

Je passe au titre II du projet de la loi; il règle les formes à suivre pour la cession des biens ; mais comme toutes les dispositions qu'il renferme sont tirées du Code de Procédure civile, il n'exige aucune observation particulière.

Le titre III contient une innovation importante, et mérite par conséquent de fixer votre attention.

La revendication était d'usage en France depuis longtems, et cette faveur accordée au vendeur de reprendre sa marchandise lorsqu'il pouvait en prouver l'identité, lorsqu'il la retrouvait sous balle, sous corde et sans altération, n'était réglée par aucune loi, et variait suivant les localités : cet usage était la source d'un grand nombre de contestations, et le sujet perpétuel des plaintes des créanciers dans toutes les faillites; ils supportaient avec peine ce privilège, et le regardaient comme une injustice. Les rédacteurs du projet de Code avaient supprimé et interdit toute revendication ; le plus grand nombre des Chambres et des Tribunaux de Commerce avaient approuvé ce changement par leur silence ; d'autres avaient motivé leur approbation, quelques-uns avaient voté pour le maintien de la revendication, s'appuyant principalement sur cette raison, qu'il ne fallait pas changer sans nécessité un usage anciennement établi en France, et suivi dans quelques autres pays.

Après un examen approfondi, on a reconnu que l'usage de la revendication était une source de procès et un moyen de fraude, que la sagesse voudrait en vain régler un usage qui n'est fondé ni sur le droit, ni sur l'équité, et que son plus grand inconvénient était surtout de laisser, par ce privilège, le sort des créanciers à la merci de la volonté du failli, qui pouvait à son gré favoriser l'un, sacrifier l'autre en conservant ou dénaturant en signes qui peuvent constater l'identité, et en retardant ou accélérant la vente des effets qui lui auraient été livrés. D'après ces considérations, on s'est décidé à ne permettre la revendication que pour la marchandise en dépôt, pour celles qui sont en route, et qui n'ont pu encore être sujétes à aucune confusion dans les magasins de l'acheteur : nous l'admettons encore pour les remises en effets non encore échus, ou échus et non encore payés, si ces remises ont été faites avec le simple mandat, d'en recouvrer et d'en garder la valeur à la disposition du propriétaire.

On espère, par cette décision, rendre un service essentiel au Commerce, tarir la source d'une foule de procès et remplir le vœu de la majorité des chambres des tribunaux dont on a consulté l'opinion.

Le titre IV traite de la banqueroute simple ; il paraît démontré qu'en en consacrant les dispositions, vous porterez le remède le plus efficace au scandale qui excitait l'indignation générale ; car on ne peut se le dissimuler, la fraude n'est pas la cause la plus commune de ce désordre ; l'ignorance, le luxe, l'imprudence, en sont les véritables sources, et par l'ancienne loi, l'impunité leur était assurée ; dès que la fraude n'était pas démontrée, l'innocence était reconnue, le crime pouvait être puni, mais rien ne réprimait l'immoralité. La nouvelle loi soumet à des punitions correctionnelles le négociant qui a fait des dépenses excessives, qui, malgré la connaissance du danger de sa situation, a compromis la fortune de ses créanciers par des spéculations imprudentes : il sera même accusable de banqueroute s'il n'a tenu régulièrement ses livres et rempli les formalités que lui prescrit la loi. Le nom de banqueroutier que cette loi lui fait craindre, sera, n'en doutons point, un frein puissant, et si elle n'épouvante pas ces hommes coupables, nés pour le crime et que rien n'arrête, elle préservera d'une chute funeste les hommes foibles, et ils sont pourtant en majorité.

C'est donc avec une pleine confiance que nous vous proposons cette mesure qui, dans le fait, sera plus préservatrice que rigoureuse, et qui, livrée à la conscience de juges impartiaux et respectés, nous paraît un des moyens les plus efficaces pour rétablir l'ordre et ressusciter les mœurs.

Le chapitre II de ce titre, qui concerne les banqueroutes frauduleuses, ne fait que développer avec plus de détails les dispositions qu'on trouve sur cette matière dans l'ordonnance de 1673.

Tous les cas prévus dans ces articles méritent l'inflexibilité de la loi, et il n'y a point d'observations à faire, là où il n'a pu exister aucun partage d'opinions.

L'objet du chapitre III a été d'empêcher que l'intérêt privé ne fût sacrifié aux soins de la vindicte publique, et que la procédure correctionnelle ou criminelle ne retardât la marche des liquidations, et ne nuisît à l'intérêt des créanciers.

Le titre V établit les formes que doit suivre le failli pour obtenir sa réhabilitation; nous avons rendu cette réhabilitation difficile, elle en sera plus honorable : lorsqu'un homme veut remonter à l'honneur, il doit désirer que personne ne puisse douter de son innocence, et ce n'est jamais la bonne foi qui peut redouter la lumière.

Nous venons, Messieurs, de vous expliquer ce nouveau système de législation, de vous développer tous les motifs qui en ont dicté les dispositions; nous vous en avons fait sentir l'importance; nous espérons que vous en reconnaîtrez l'utilité, et qu'en l'adoptant vous remplirez les vues sages, justes et bienfaisantes d'un Monarque qui veut terrasser tous les vices comme il a vaincu ses ennemis; qui a commencé son règne illustre par ses triomphes sur l'anarchie, et qui veut mettre le comble à sa célébrité et à notre reconnaissance, en rendant au crédit sa puissance, au commerce sa bonne foi, et en portant notre bonheur aussi haut que sa gloire.

MOTIFS

DE M. TREILHARD.

MESSIEURS,

L'ORATEUR du Gouvernement qui m'a précédé à cette tribune vous a exposé tout l'ensemble de la loi sur les faillites ; et la manière dont il s'est acquitté de sa mission vous fait sans doute regretter qu'il m'ait laissé quelque chose à dire : vos regrets seront moindres, parce qu'il me reste peu d'objets à traiter.

Vous avez vu qu'au premier moment où la faillite éclate, on s'assure de la personne et des biens du failli : de la personne, pour répondre des délits ; des biens, pour payer les créanciers.

Tout est placé sous la surveillance d'un commissaire dont le caractère garantit le choix des agens et des syndics, une sévère vérification de créances, une vente prompte et peu dispendieuse ; enfin, tout ce qui peut soulager et consoler dans le malheur commun.

Je dois actuellement vous parler *des droits des créanciers, des répartitions à faire entr'eux, de la liquidation du mobilier ; enfin, du mode de vente des immeubles du failli :* c'est la matière des chapitres IX, X et XI du premier titre.

Je commencerai par ce qui concerne les créanciers en général ; je terminerai par l'exposition des droits des femmes sur les biens du mari en cas de faillite.

On n'a jamais perdu de vue dans le projet ce grand principe, qu'il faut être économe du tems et des procédures : c'est surtout dans le commerce qu'une prompte rentrée des fonds est desirable ; un paiement tardif n'est jamais un paiement complet.

Aussi a-t-on pris les mesures nécessaires pour que les premiers recouvremens fussent employés sans délai au paiement des créances privilégiées : le privilége assure la préférence dans les paiemens ; personne n'a le droit de les retarder quand le privilége est une fois reconnu ou jugé : s'il y a difficulté sur son existence, c'est à la justice à prononcer. Tout créancier a évidemment intérêt , et par conséquent le droit de discuter et de débattre une prétention de privilége, qui , si elle est adoptée, peut souvent laisser sans aucune espérance les simples créanciers chirographaires.

Dans le nombre des privilégiés , on ne peut se dispenser de ranger le créancier sur le gage dont il est nanti ; mais on a dû laisser à la masse le droit de retirer le gage en désintéressant celui qui en est saisi par le remboursement de sa créance ; il ne peut prétendre autre chose, et si le gage excéde ce qui lui est dû, c'est aux autres créanciers qu'appartient le bénéfice.

Vous remarquerez sans doute, Messieurs, que je ne m'occupe que de quelques règles particulières aux affaires de commerce ; il n'entrait pas dans le projet de la loi de tracer les principes constitutifs des privilèges; ils sont déjà parfaitement établis dans le Code Napoléon.

Cette réflexion s'applique aux autres espèces de créances, aux hypothèques par exemple; le même Code contient toutes les régles générales sur cette matière, et il ne s'agit en cet instant, que de quelques difficultés particulières qui peuvent s'élever.

Vous savez qu'un créancier hypothécaire a l'avantage d'une préférence sur le prix de l'immeuble qui lui fut affecté; cette préférence n'est nullement exclusive des droits sur tous les autres biens d'un débiteur.

Celui qui est obligé personnellement, est tenu de remplir ses engagemens sur tous ses biens, meubles et immeubles : ils sont tous le gage commun de ses créanciers : c'est la disposition textuelle des articles 2092 et 2093 du Code Napoléon, qui ne sont eux-mêmes que l'expression de ce qui résulte nécessairement d'une obligation contractée : comment celui qui l'a souscrite, pourrait-il échapper à son exécution, tant qu'il lui reste quelques effets ?

L'affectation spéciale d'un immeuble à une dette donne donc au créancier un droit de préférence sur le prix de cet immeuble, sans néanmoins préjudicier en aucune manière à son droit général sur tous les autres biens.

Il suit de là que le créancier hypothécaire, qui ne peut être payé en tout ou en partie sur le prix de l'immeuble, doit concourir avec les autres créanciers sur les autres biens pour ce qui lui reste dû.

Mais ici s'élève une difficulté , lorsque le premier en ordre d'hypothèques aura reçu une partie de sa créance par des distributions antérieures de deniers mobiliers, si le prix de l'immeuble est plus que suffisant pour achever son paiement , ce qui passera tout l'excédent. Est-ce au deuxième créancier ? ou bien la masse chirographaire doit-elle reprendre d'abord sur cet excédent les deniers mobiliers que le premier créancier avait reçus ?

Le projet qui vous est présenté offre sur ce point quelque dérogation à ce qui se pratiquait anciennement, au moins dans une grande partie de la France.

On a pensé que les deniers mobiliers touchés par le créancier premier en hypothèque n'étaient qu'une espèce d'avance faite par la masse chirographaire , avance dont elle devait être remboursée sur le prix de l'immeuble , lorsqu'il était plus que suffisant pour parachever le paiement du premier créancier.

Dans le système ancien des hypothèques, lorsqu'elles étaient occultes et acquises à tout homme qui avait pour lui une obligation authentique ou un jugement, un créancier pouvait de bonne foi regarder l'immeuble de son débiteur comme un gage certain de son paiement ; à la vérité son espoir était souvent trahi par la découverte successive d'une foule de créanciers qu'il n'avait pas connus : c'était là un vice radical du système qui, heureusement, n'existe plus.

Dans cet ordre de choses, il eût été dur et peut-être injuste d'enlever à ce créancier le prix de l'immeuble qui formait son gage, sous le prétexte que le créancier qui le précédait avait été payé en tout ou partie avec le prix du mobilier ; rien ne l'avait averti de cette première hypothéque, et il avait dû croire par conséquent que son gage assurait son paiement.

Il n'en est pas de même aujourd'hui ; l'hypothéque est spéciale et publique ; un créancier n'a de droit que sur l'immeuble qui lui est spécialement affecté par son titre et sous la charge d'une inscription qui donne de la publicité à son droit, et qui avertit ainsi tous ceux qui peuvent y avoir intérêt, que le gage est déjà absorbé en tout ou en partie.

Le créancier qui survient ne peut plus se faire illusion. Lorsque l'immeuble est évidemment engagé pour des sommes équivalentes à son prix, celui qui l'accepterait encore pour gage aurait une grande imprudence à se reprocher ; il faut même supposer que cela n'arrivera que bien rarement.

Ce changement dans la législation a dû en entrainer un autre dans le réglement des droits des créanciers en matiére de faillite.

Le second créancier n'a dû compter sur l'efficacité de son gage qu'après le paiement intégral du premier sur le même objet ; il n'a donc pas à se plaindre si on restreint l'exercice de son droit sur ce qui peut rester après ce paiement.

Ainsi, le premier créancier ayant touché une partie de sa créance aux dépens de la masse chirographaire, celle-ci se rembourse de l'avance sur le prix de l'immeuble, lorsqu'il suffit pour acquitter toute la créance.

Voilà les régles établies dans le projet, régles qui paraissent d'accord avec l'équité, qui n'attèrent en aucune manière l'espoir légitime des créanciers postérieurs, et qui conservent tout le droit des créanciers chirographaires ; ils sont presque toujours dans une faillite, les plus intéressans et les plus malheureux.

En réglant ce qui concernait les créanciers hypothécaires, on n'a pas dû perdre de vue les autres classes ; il a fallu veiller à ce que les répartitions fussent promptes, que les paiemens ne fussent faits que sous la surveillance du commissaire, sur la représentation des titres, et à la charge de quittances valables : c'est l'objet du chapitre X.

Un seul article dans ce chapitre, peut exiger une courte explication; c'est l'article 127.

Il permet à l'union des créanciers de traiter à forfait des droits et actions, dont le recouvrement n'aura pas été opéré.

Il existe souvent dans les faillites des créances d'un recouvrement difficile, ou parce qu'elles sont litigieuses, ou parce que le débiteur est peu solvable ; il faudrait beaucoup de tems et des frais, pour parvenir à un recouvrement qui même est souvent incertain. Des poursuites de cette nature conviennent mieux à un particulier qu'à une administration ; elle dépenserait presque toujours plus qu'elle ne pourrait recouvrer : le grand intérêt des créanciers demande que l'administration termine ses opérations le plutôt possible, et qu'elle puisse aliéner des droits dont la poursuite serait trop longue ou très-difficile.

Mais l'abus pourrait être à côté de la règle, et l'on a dû y pourvoir. L'union ne peut traiter que sous l'autorisation du tribunal de commerce, et surtout il faut que le failli soit appelé : il a un grand intérêt à s'opposer à des traités désavantageux, puisqu'il reste toujours sous la main de ses créanciers, tant qu'ils ne sont pas payés.

Je ne dirai qu'un mot sur le chap. II, *du Mode de vente des immeubles du failli*.

On vendra sous l'autorisation du commissaire, et avec les formes prescrites par le Code Napoléon pour la vente des biens des mineurs ; c'est assez vous dire qu'il y aura célérité et économie dans une opération jadis si lente et si dispendieuse.

L'intérêt qu'inspirent des créanciers malheureux, a cependant fait adopter encore une nouvelle précaution pour s'assurer que les immeubles vendus seront portés à leur valeur. Tout créancier pourra surenchérir pendant la huitaine qui suivra l'adjudication ; il fallait cependant régler l'exercice de cette faculté, et ne pas repousser les acquéreurs par la perspective des surenchères, qui ne seraient que de véritables tracasseries.

La surenchère ne sera pas reçue si elle est au-dessous du dixième du prix de l'acquisition.

Je me hâte de venir au dernier objet dont je dois m'occuper, *aux droits des femmes*, dans les cas de faillite.

Il n'est que trop vrai qu'une grande partie des faillites qui ont affligé le commerce dans ces derniers tems, a eu pour cause au moins de grandes imprudences, ou d'affreuses dissipations.

On a trop oublié que la prospérité du commerce ne peut être fondée que sur l'économie, sur l'ordre, sans lequel il ne peut y avoir d'économie, et sur la bonne foi.

Le véritable crédit tient toujours à l'opinion qu'on inspire de sa bonne conduite et de son intelligence. Quels sont les hommes qui ont acquis une grande réputation dans le commerce, dont la signature, respectée jusqu'aux extrémités du globe, faisait exécuter les ordres avec une ponctualité que ne pouvait pas toujours se promettre les Souverains eux-mêmes ?

Des particuliers dont les commencemens furent obscurs, qui, par de longs travaux, des conceptions heureuses, de sages combinaisons, des méditations profondes sur leur état, et surtout par une modestie soutenue et par une loyauté inaltérable, parvinrent à captiver la confiance de toutes les nations civilisées.

A Dieu ne plaise qu'on puisse me supposer la pensée que ces hommes recommandables n'ont pas de successeurs ; mais, enfin, que voyons-nous le plus souvent ?

Des hommes qui entrent dans leur état avec une légèreté révoltante, qui y portent une avidité incompatible avec la délicatesse, qui pensent obtenir un crédit en cachant un dénuement réel sous l'apparence trompeuse d'une aisance chimérique ; qui débutent par se ruiner pour se procurer la possibilité d'entraîner avec eux d'autres imprudens dans l'abîme.

Je sais, Messieurs, que les lois seules ne suffisent peut-être pas pour arrêter entièrement ces désordres ; et que, lorsque l'opulence dénuée de mérite obtient encore une considération à laquelle le mérite dénué d'opulence ne peut pas atteindre, peu de personnes ont la force de résister au courant qui les entraîne.

Voilà cependant le mal dont il faut chercher le remède : et quel moyen plus efficace d'y parvenir, que de faire concourir à la bonne conduite du mari l'intérêt même de la femme, d'appeler au secours des mœurs l'influence d'un sexe, qui ne sera jamais trop grande quand il ne méconnaîtra pas les vertus qui sont aussi ses charmes les plus durables.

C'est dans cet esprit qu'ont été médités les articles sur les droits des femmes. Trop souvent un commerçant a reconnu, en se mariant, une forte dot qu'il ne touchait pas ; soit qu'il voulût faire illusion par l'annonce d'un actif supposé, soit qu'il préparât de loin un moyen de soustraire un jour sa fortune à ses créanciers légitimes.

Le mari faisait à sa femme des avantages proportionnés à une dot qu'il ne devait pas recevoir. Souvent aussi il acquérait, sous le nom de sa femme, des immeubles qu'il payait de ses propres deniers, ou plutôt des deniers de ses créanciers.

Enfin, par des séparations frauduleuses et des actes simulés, les meubles, les bijoux, argenterie, tout passait dans la propriété de la femme, et au moment d'une catastrophe, souvent méditée de longue main, la femme, avec sa dot factice, ses avantages matrimoniaux, ses indemnités pour des dettes qu'elle n'avait pas payées, et ses acquisitions prétendues absorbaient toute la fortune de son mari.

Les malheureux créanciers étaient condamnés à passer leurs jours dans les privations et dans les larmes, pendant que la femme coulait des jours tranquilles dans la mollesse et dans l'oisiveté. Tous les arts concouraient pour décorer le palais qu'elle habitait; une cour nombreuse prévenait ses desirs et flattait ses goûts, et lorsqu'elle daignait faire tomber quelques faibles secours sur un petit nombre de malheureux, non par bienfaisance, car la bienfaisance n'habite pas avec le vol, mais dans l'espoir que les bénédictions de quelques infortunés étoufferaient les malédictions de la multitude; ces actes prétendus d'humanité étaient encore proclamés avec éclat par des écrivains officieux jusques dans les cours étrangères.

Il est tems enfin de poser un terme à ces scandales. Eh! dans quel moment a-t-on pu se flatter de les arrêter avec plus de succès?

Lorsque le souverain donne lui-même, dans sa vie privée, l'exemple de toutes les vertus sociales et domestiques, lorsqu'il veille sans cesse pour établir un ordre rigoureux dans toutes les parties d'une administration immense, n'est-il pas en droit d'attendre que les particuliers, ramenés aux pratiques des vertus modestes et à l'habitude d'une vie réglée, rassureront la société alarmée, en préparant en même tems pour eux-mêmes et pour leur famille des jouissances durables, parce qu'elles seront fondées sur des calculs sages et purs, parce qu'elles seront sans remords.

Je reviens aux dispositions relatives aux droits des femmes.

La femme du failli retirera ce qu'elle aura réellement apporté; elle ne pourra rien prétendre au-delà.

Voilà la base des articles qui vous sont proposés.

Ainsi, tous les immeubles dont la femme aura été dotée, ou qui lui seront échus par succession ou donation, seront par elle repris; il en sera de même des bijoux, diamans et vaisselle qu'elle justifiera lui avoir été donnés par contrat de mariage, ou lui être avenus par succession; mais elle devra établir sa propriété par des états légalement dressés et par des bons et loyaux inventaires; encore son action en reprise ne pourra, comme de raison, être exercée qu'à la charge des hypothèques dont les biens seront grévés, soit qu'elle se soit volontairement obligée, soit qu'elle ait été judiciairement condamnée.

Sous quelque régime que le mariage ait été formé, la loi présume que tous les meubles, sans exception, appartiennent au mari, et nous ne verrons plus les vrais créanciers repoussés par la représentation d'actes frauduleusement fabriqués pour transmettre à la femme une propriété qu'elle ne doit pas avoir.

Vainement aussi la femme réclamerait une indemnité pour les prétendues dettes payées en l'acquit de son mari, si elle ne justifiait pas, par des pièces légales, l'origine des deniers qu'elle prétendrait avoir employés à cet usage. Ne serait-il pas également honteux, et pour la femme et pour le mari, qu'elle réclamât des deniers dont la source serait inconnue ?

Par les mêmes motifs, toutes les prétendues acquisitions de la femme sont réputées faites par le mari et payées de ses deniers.

Avec quel scandale des femmes mariées, sans fortune et sans dot réelle, sont-elles, à l'ombre d'acquisition prétendues, actuellement en possession de toute la fortune d'un mari reliquataire de plusieurs millions envers ses créanciers !

Enfin, Messieurs, la femme d'un commerçant qui prétendra avoir été dotée en argent ou en effets mobiliers, ou qui réclamera, soit le remploi de ses propres aliénés pendant le mariage, soit l'indemnité des dettes qu'elle aura contractées avec son mari, n'aura d'hypothèque pour tous ces objets que sur les immeubles appartenant en effet au mari à l'époque du mariage.

Tout ce que le mari a acquis depuis, n'a pu l'être qu'aux dépens et avec les deniers de ses créanciers ; il serait révoltant que la femme du banqueroutier vînt enlever ces gages, et sortît triomphante d'une catastrophe dont elle fut souvent la première cause.

Vous pensez bien, Messieurs, que les avantages faits à la femme par son mari, ne peuvent pas être réclamés par elle dans la faillite; c'était encore là un des grands moyens de préparer la ruine des créanciers, voyant avec désespoir une femme que tout le monde avait connue sans fortune, jouir tranquillement des biens immenses dont ils étaient dépouillés.

Ce que nous avons dit pour les femmes mariées dans le commerce, s'applique également aux femmes qui auront épousé des fils de négocians, n'ayant à l'époque de leur mariage aucun état, ni profession déterminée, et qui deviendraient eux-mêmes négocians.

Il est sensible que pour échapper à la sévère justice des règles que nous avons établies, ces fils de négocians se marieraient sans annoncer dans leur contrat une profession que cependant ils auraient le désir de prendre, et qu'ils prendraient en effet dans la suite.

Cette réflexion ne s'applique pas à la femme dont le mari avait, à l'époque du mariage, une profession déterminée outre que celle de négociant; elle doit jouir dans ce cas de tous les droits hypothécaires accordés par le Code Napoléon; elle n'avait pas pris un mari dans le commerce, et son union était formée sous une autre loi.

On a dû prévoir cependant qu'on pourrait encore abuser de cette exception; aussi déclare-t-on que la femme n'en pourra réclamer l'avantage, qu'autant que son mari n'aura pas fait le commerce dans l'année qui suivra le mariage.

Je crois bien superflu de vous faire remarquer dans le projet les articles d'après lesquels une femme qui aurait détourné, recélé, diverti des effets, ou qui aurait pris une part directe à des actes faits en fraude des créanciers, pourrait être poursuivie comme complice de la banqueroute.

Vous connaissez actuellement, Messieurs, toute la partie de la loi dont l'exposition m'a été confiée. L'esprit de justice a dicté ses dispositions ; le sentiment profond d'indignation dont on ne peut se défendre contre des brigandages, n'a jamais altéré le calme du magistrat qui médite la loi.

La femme qui ne sera pas complice pourra reprendre tout ce qui sera justifié lui appartenir en effet. Elle recevra cet acte de justice de la masse infortunée des créanciers ; ils n'auront ensuite le droit de rien exiger d'elle. Mais elle, se croira-t-elle dégagée de toute obligation ? Jouira-t-elle sans une peine secrète de tout ce qui peut lui appartenir, pendant qu'une foule de malheureux languira dans le besoin, par la faute de l'homme dont elle est la compagne ? et n'entendra-t-elle pas, au fond de son cœur, une voix qui lui criera sans cesse : la loi vous rendait votre bien, mais l'honneur vous défendait de l'accepter en totalité ; le sacrifice que la loi ne pouvait vous commander, l'humanité devait vous l'inspirer ; vous n'avez pas blessé la loi, mais vous avez prouvé que vous êtes dépourvue de sensibilité, et vous ne savez pas saisir les moyens de vous honorer par des actes de bienfaisance.

N'en doutons pas, Messieurs, cette voix ne sera pas toujours étouffée ; nous verrons encore, j'ose

l'assurer, des ames fortes qui, dans un état d'humiliation, sauront se former des titres à la gloire.
Heureux les enfans qui, ayant à gémir des fautes
d'un père, pourront rappeler avec orgueil la mé-
moire de celle qui leur donna le jour!

EXPOSÉ DES MOTIFS

*Du Livre IV du Code de Commerce, présenté
au Corps Législatif*

PAR M. MARET, CONSEILLER D'ÉTAT.

Séance du 4 septembre 1807.

MESSIEURS,

SA MAJESTÉ nous a chargés de présenter à votre
sanction le Livre IV du Code du Commerce.....
de la Juridiction commerciale.

Ce Livre traite de l'organisation des Tribunaux
de Commerce, de leur compétence, de la forme
de procéder devant eux, de celle de procéder devant les cours d'appel.

L'organisation des Tribunaux de Commerce dif-
fère peu de ce qu'elle est depuis plusieurs années.
Ils auront des présidens, des juges et des sup-
pléans. La fixation du nombre des juges, ainsi
que celui des tribunaux, celle des lieux où ils
siégeront, n'ont pas paru du domaine de la loi;
et en effet, SA MAJESTÉ peut seule bien juger des
besoins des localités. Il n'est pas à craindre qu'elle
diminue le nombre actuel de ces tribunaux, dont,
pour la presque totalité, une existence ancienne
justifie le besoin : elle connaît d'ailleurs les services qu'ils ont rendus au commerce ; elle compte
sur ceux qu'ils lui rendront encore.

Tout français faisant le commerce, est actuellement appelé à l'élection des juges ; elle sera confiée seulement à des commerçans, chefs des maisons les plus anciennes et les plus recommandables par la probité, l'esprit d'ordre et l'économie. Leurs noms seront placés sur une liste de notabilité, rédigée par les préfets, et approuvée par le ministre de l'Intérieur. Ce mode doit garantir la continuation des bons choix.

La question de savoir si les présidens et les juges pouvaient être réélus indéfiniment, a été résolue négativement. La loi dispose qu'ils ne pourront être réélus qu'après un an d'intervalle. On ne s'est pas dissimulé qu'en prononçant ainsi, la loi pourrait quelquefois priver, pendant un an, un tribunal d'un ou plusieurs de ses membres les plus distingués ; on ne s'est pas dissimulé qu'un tribunal fort rapproché de nous, où préside depuis longtems la probité et les lumières, pourrait sentir plus vivement cette privation ; mais fallait-il mettre tels autres juges également probes et éclairés, dans la position de souffrir d'une non réélection. Car, on ne peut se le taire, si la réélection sans intervalle était permise, tout juge qui ne l'obtiendrait pas, se croirait blessé dans son honneur. Or, la loi doit-elle placer dans cette situation des hommes qui abandonnent leurs affaires personnelles pour se livrer à un service pénible et gratuit ? Il a paru d'ailleurs, que si la perpétuité des fonctions, dans les tribunaux civils et criminels, était un bienfait pour les justiciables, il était plus dans l'intérêt du commerce, que des commerçans fussent successivement appelés à juger leurs pairs. C'est donc

dans l'intérêt du commerce et dans celui des commerçans, appelés par l'estime publique à la fonc-
tion de juges, que la loi a prononcé.

Ce même intérêt réclame des décisions promptes,
une exécution rapide ; la forme de procéder, tant
en première instance qu'en appel, doit être simple :
le fait doit être rapporté avec une sorte de naïveté,
et autant que possible par les parties elles-mêmes,
afin que le juge soit plus à portée d'apprécier leur
bonne foi. C'est dans cet esprit, que les titres III
et IV du Livre que nous examinons sont rédigés ;
que l'article 33 du titre IV défend aux Cours d'Appel d'accorder des défenses, ni de surseoir à l'exécution des jugemens des Tribunaux de Commerce,
quand même ils seraient attaqués d'incompétence ;
c'est dans cet esprit, que l'article 13 de la loi que
nous vous présentons interdit le ministère des
avoués ; disposition que vous avez déjà sanction-
née, Messieurs, dans le Code de Procédure civile,
art. 414, mais dont l'article 13 précité organise
l'exécution. C'est dans cet esprit, que l'article 11
établit, pour la ville de Paris seulement, des gardes
du commerce pour l'exécution des jugemens emportant la contrainte par corps. La loi ne fait que
redonner la vie à un établissement regretté par le
commerce de Paris, parce que les gardes procu-
raient sûreté dans l'exécution, sans employer des
formes trop dures.

L'organisation des Tribunaux de Commecre, la
forme de procéder devant eux, était la partie facile
de la loi dont nous vous exposons les motifs. Le
titre II, de la Compétence, a présenté des questions
plus importantes.

Depuis la publication de l'ordonnance de 1673, mais surtout depuis 1789, le commerce est devenu la profession d'un bien grand nombre de Français; la volonté seule donne le droit de faire le commerce. Tel se livre habituellement au négoce, tel autre ne fait qu'accidentellement des actes qui, sous certains rapports, sont de véritables actes de commerce. — De là, on avait conclu que la compétence des Tribunaux de Commerce se déterminait par le fait qui donnait lieu à la contestation; que si ce fait était un acte de commerce, celui qui y avait pris part, quelle qu'en fût la cause, quelle que fût sa qualité, était justiciable d'un Tribunal de Commerce; qu'en définissant les actes de commerce, on réglerait invariablement la compétence des Tribunaux de Commerce; que passant ensuite à la reconnaissance des actes de commerce, on devait considérer comme tels.... tous actes de trafic et négoce de denrées et marchandises.... toutes signatures données sur des lettres de change, ou billets à ordre..... toutes entreprises de manufactures, etc., etc.... Ainsi, la compétence aurait été déterminée par le fait seul, sans exception.

L'application rigoureuse de ce principe a paru présenter de graves inconvéniens, en ce que tous les Français, faisant des actes de trafic plus ou moins étendus, seraient tous, par ce seul fait, justiciables des Tribunaux de Commerce.

Par exemple, un magistrat achète des denrées pour le besoin de sa maison; quelques circonstances le déterminent à en vendre une partie. D'après le principe que le fait détermine la compétence, comme dans l'espèce, il y a eu achat et vente, et conséquemment trafic de denrées : le jugement des contestations nées sur la vente faite par le magistrat, appartiendrait au Tribunal de Commerce ; cependant, en soi, l'acte de ce magistrat n'est pas un véritable acte commercial ; c'est un acte civil qui, en cas de contestations, doit conduire les contractans devant les Tribunaux civils.

La loi n'a donc pu admettre le principe dans sa généralité, mais elle a dû considérer que le Français non négociant, que celui exerçant une profession civile ou militaire, que le capitaliste qui achète des marchandises ou des denrées au delà de ses véritables besoins, fait alors un acte commercial de sa nature, puisque la quantité de la chose achetée prouve l'intention de la revendre, ce qui constitue le trafic. Cependant il n'y a encore que présomption ; le fait qu'il a acheté au delà de ses véritables besoins, n'est pas reconnu ; la loi a dû réputer ce marché, acte de commerce, et laisser aux juges l'examen du fait et les conséquences à en tirer.

Mais si la loi a dû dire, tel acte est réputé fait de commerce, n'en est-il pas tels autres qui le sont si évidemment, qu'il n'y a point d'examen à faire pour les qualifier ?... Oui, sans doute ; mais c'est en considérant, comme le fait la loi, la qualité des personnes qui ont contracté.... Et en effet, il est constant que les engagemens et transactions entre négocians, marchands et banquiers, sont des actes positifs de commerce, à moins qu'il ne s'agisse de denrées et marchandises achetées pour leur usage particulier ; car, dans ce dernier cas, ce n'est plus comme négocians qu'ils ont contracté, mais comme citoyens.

Il suit de ces considérations, que la compétence des Tribunaux de Commerce a dû être déterminée, soit par la nature de l'acte sur lequel il y aura contestation, soit par la qualité de la personne.

Ainsi, les Tribunaux de Commerce connaîtront..... de toutes contestations relatives aux engagemens et transactions entre négocians, marchands et banquiers ... Entre toutes personnes, des contestations relatives aux actes de commerce.... et la loi définit ce qu'elle répute actes de commerce.

Il serait superflu de vous entretenir, avec détail, de ces définitions comprises aux articles 18 et 19 de la loi; leur clarté paraît devoir nous en dispenser, et nous passons aux dispositions des articles 22 et 23 qui ont des rapports avec ce que dit l'article 18 sur la lettre de change.

Nous sommes obligés de rappeler l'article 112 du livre 1er du Code de Commerce; il dit.... sont réputées simples promesses toutes lettres de change contenant supposition, soit de nom, soit de qualité, soit de domicile, soit des lieux d'où elles *sont* tirées, ou dans lesquels elles *sont* payables.... Les motifs de cet article sont.... que certaines circonstances changent la nature de l'engagement souscrit sous le titre *de lettre de change*, qu'alors il n'est qu'une obligation civile, dont l'examen appartient aux tribunaux civils; conséquemment, l'article 22 dispose que sur la réquisition du défendeur, le Tribunal de Commerce sera tenu de renvoyer au tribunal civil.

Mais il peut arriver que la lettre de change, ré-

putée simple promesse aux termes de l'article 112 ,
porte , en même tems , des signatures , d'individus
négocians et d'individus non négocians; l'article 25
veut alors que le Tribunal de Commerce en connaisse , mais qu'il ne puisse prononcer la contrainte
par corps contre les individus non négocians , à
moins qu'ils ne se soient engagés à l'occasion d'o-
pération de commerce , trafic, change , banque ou
courtage. Dans ce second cas , il y a , sauf celui
d'engagement commercial , obligation civile de la
part du signataire non négociant , et obligation
commerciale de la part du signataire négociant ; celui-ci a paru devoir entraîner l'autre devant les juges
de commerce.

Les mêmes articles 22 et 23 dont nous venons
de rapporter des dispositions relatives aux lettres
de changes réputées simples promesses , réglent encore la compétence des Tribunaux de Commerce ;
en ce qui concerne les billets à ordre.

On demandait que le billet à ordre fût, en tout ,
assimilé à la lettre de change , et pour la juridiction , et pour la contrainte par corps , quels qu'en
fussent les signataires....

Après de longues discussions, les raisons, en faveur de cette opinion , ont paru plus spécieuses que
justes , et conséquemment aux principes suivis pour
le réglement de la compétence des Tribunaux de
Commerce , l'on s'est arrêté aux principes suivans.

Le billet à ordre portant des signatures d'individus non négocians, et n'ayant pas pour occasion
des opérations de commerce, trafic , change, ban-

que ou courtage , est une obligation civile qui ne
peut être soumise aux Tribunaux de Commerce.

Le billet à ordre portant , en même tems , des
signatures d'individus négocians et d'individus non
négocians , est , tout à la fois , une obligation civile
pour les uns , et une obligation commerciale pour
les autres ; l'intérêt du commerce veut , dans ce
cas , que les Tribunaux de commerce en connais-
sent. Mais il ne faut pas qu'ils puissent prononcer
la contrainte par corps contre les individus non
négocians , à moins qu'ils ne se soient engagés à
l'occasion d'opérations de commerce , trafic , change ,
banque ou courtage.

L'application de ces principes accorde aux commerce tout ce que son intérêt , bien entendu , exigeait de la loi.... Aller au delà , c'était mettre les
individus non négocians dans le cas de ne pouvoir
plus se servir d'un papier qui , avec un usage mo-
déré , peut leur être utile dans leurs transactions
sociales.... Aller au-delà , c'était étendre la faculté de se soumettre à la contrainte par corps ,
quand il est dans l'intérêt de l'État et dans nos
mœurs qu'elle soit limitée.... Enfin , cette faculté
eût fait prendre une autre direction aux emprunts
pour affaires civiles , direction contraire à l'intérêt
des familles , en ce qu'elle eût offert plus de facilités pour mobiliser les fortunes immobilières.

C'est donc par des considérations d'ordre public
que la loi a refusé d'assimiler , en tout , le billet à
ordre à la lettre de change , mais , en même tems ,
elle a su ménager l'intérêt particulier du commerce ; il a toujours été le but que nous avons tâché
d'atteindre.

Aussi, c'est dans cet intérêt que la loi dispose, art. 25, que les Tribunaux de Commerce jugeront, en dernier ressort, toutes les demandes dont le principal n'excédera pas la valeur de mille francs, ainsi que toutes celles où les parties justiciables de ces Tribunaux auront déclaré vouloir être jugées définitivement et sans appel.

C'est dans cet intérêt, que la loi accorde aux Tribunaux de Commerce une action fort étendue dans les faillites, le jugement des oppositions au concordat lorsque les moyens de l'opposant seront fondés sur des actes ou opérations dont la connaissance leur est attribuée, l'homologation du traité entre le failli et ses créanciers.

C'est dans cet intérêt, que les Tribunaux de Commerce connaîtront des actions contre les facteurs, commis des marchands ou leurs serviteurs, pour le fait seulement du trafic du marchand auquel il sont attachés; qu'ils connaîtront des billets faits par les receveurs, payeurs, percepteurs et autres comptables de deniers publics.

C'est enfin dans cet intérêt, que les billets souscrits par un commerçant sont censés faits pour son commerce, et que ceux des receveurs, payeurs, percepteurs et autres comptables de deniers publics, sont censés faits pour leur gestion, lorsqu'une autre cause n'y est point énoncée.

Il nous reste à vous entretenir, Messieurs, de la disposition de la loi qui excepte de la compétence des Tribunaux de Commerce les actions intentées contre un propriétaire, cultivateur ou vigneron, pour vente de denrées provenant de son cru; elle se justifie d'elle-même, car il est évident que ces ventes ne sont point assimilables à celles que fait un commerçant.

EXPOSÉ DES MOTIFS

Du Projet de Loi portant fixation de l'époque à laquelle le Code de Commerce sera exécuté, présenté au Corps Législatif

Par M. CORVETTO, Conseiller d'État.

Séance du 8 septembre 1807.

Messieurs,

Le Code de commerce s'élève à côté du Code Napoléon : de nouveaux bienfaits vont se répandre sur la France. Pendant que la victoire marchait sous les aigles françaises aux bords de la Vistule étonnée, la Législation commerciale recevait en silence des améliorations que l'expérience avait indiquées.

Le Commerce va prendre une nouvelle direction : les lois seront en harmonie avec ses besoins, avec ses habitudes, avec ses véritables intérêts : Ces lois seront simples et faciles ; elles ne déploieront de sévérité que contre la fraude ; elles préviendront l'imprudence, elles corrigeront l'inconduite, elles soulageront le malheur. Le scandale insultant des faillites ne révoltera plus l'homme juste et sensible. Les transactions commerciales reposeront sous l'égide de la bonne foi et sous la garantie des tribunaux éclairés, qui honoreront eux-mêmes le commerce. L'artisan industrieux dans son attelier, l'honnête com-

merçant au milieu de ses sages combinaisons ;
le navigateur intrépide du sein même des tem-
pêtes, béniront le nom auguste et chéri du grand
homme qui, après avoir recomposé et vengé la
patrie, lui prépare toutes les sources d'une prospérité
permanente, qui ne connaît de repos que dans un
changement de travail, et dont le bonheur ne
se compose que de la félicité de son peuple !

Mais il est tems, Messieurs, d'accélérer ces bienfaits. SA MAJESTÉ a pensé que le premier jour
de l'année qui s'avance doit être signalé par
l'époque de l'exécution de Code du Commerce.

Le tems n'est pas loin sans doute, où la victoire ou la paix rouvriront les mers aux nations
et ses routes ordinaires au commerce. Le Code
que vous aurez adopté deviendra alors le droit
commun de l'Europe.

Associé depuis longtems aux travaux pacifiques
du plus grand des Princes, vous vous empresserez
sans doute d'élever ce nouveau monument à sa
gloire ; et quelle récompense que de pouvoir vous
dire à vous-mêmes : nous avons contribué au
bien de la patrie sous les auspices de NAPOLÉON !